Filhos da Lua e do Sol

Uma saga sul-americana

Anjee Cristina Pinheiro Machado

Filhos da Lua e do Sol

Uma saga sul-americana

L·G·E EDITORA

LGE Editora Ltda.
SIA Trecho 03 Lote 1.760 - Parte A
Tel.: 61 362.0008 - Fax: 61 233.3771
lgeeditora@lgeeditora.com.br
www.lgeeditora.com.br

EDITOR:
ANTONIO CARLOS A. NAVARRO

AUTOR:
ANJEE CRISTINA PINHEIRO MACHADO

COORDENADORA EDITORIAL:
ANNA CRISTINA DE ARAÚJO RODRIGUES

DIAGRAMAÇÃO:
FLÁVIO LOPES

FOTO DA CAPA:
CLAUDIO REINKE

IMPRESSÃO E ACABAMENTO:
QUICK PRINTER IMPRESSOS RÁPIDOS LTDA.

Dados Internacionais de Catalogação na Publicação (CIP)

Machado, Anjee Cristina Pinheiro.
Filhos da Lua e do Sol / Texto de Anjee Cristina Pinheiro Machado – Brasília: LGE Editora, 2005.
249 p.

1.Literatura. 2. História. I. Título.

ISBN 85-7238-161-9 CDU 82-93

VEJA AS ENTREVISTAS COM NOSSOS AUTORES:
www.nettvbrasil.com.br

Agradecimento

Aos escritores Kaka Werá Jecupé, Daniel Munduruku, Erico Veríssimo, Hernâni Donato, J. L. Cecílio Tetila, Rui Nedel, Pierre Clastres e Simone Waisbard.

Pelo conhecimento transmitido em seus livros.

Sumário

Na trilha dos ancestrais

Aquífero Guarani

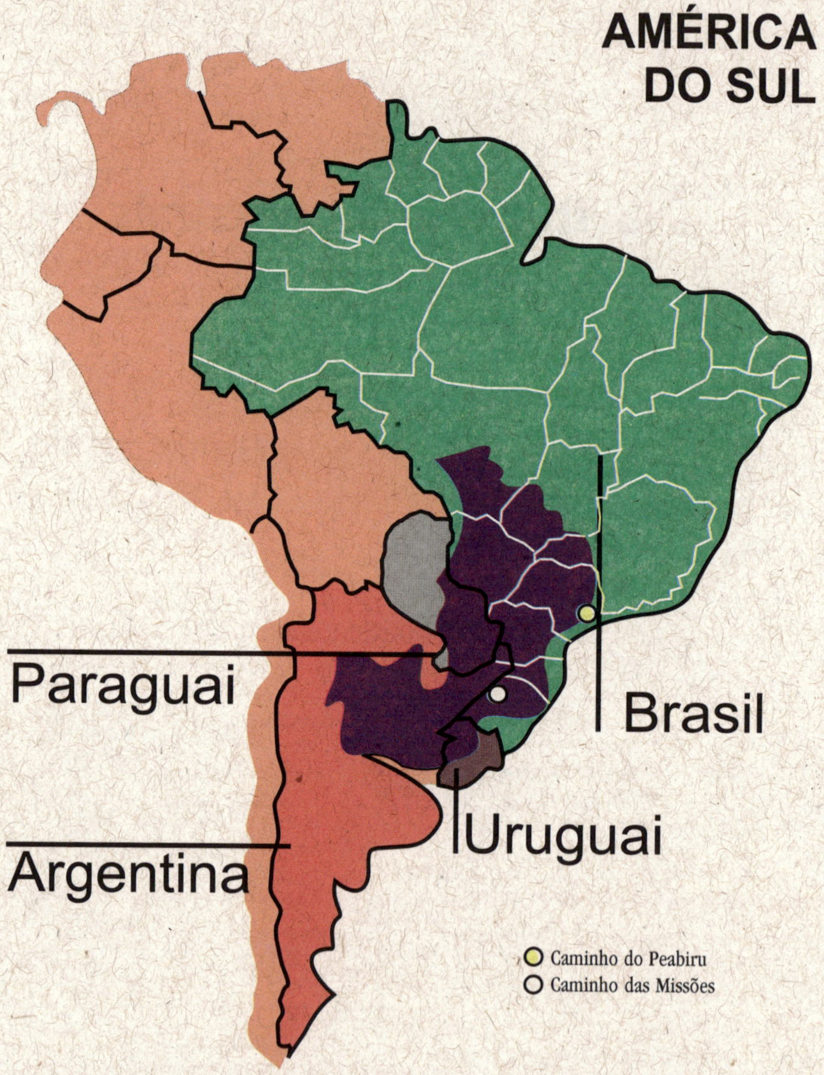

Fonte: revista Superinteressante número 7 ano 13

Caminho do Peabiru ●

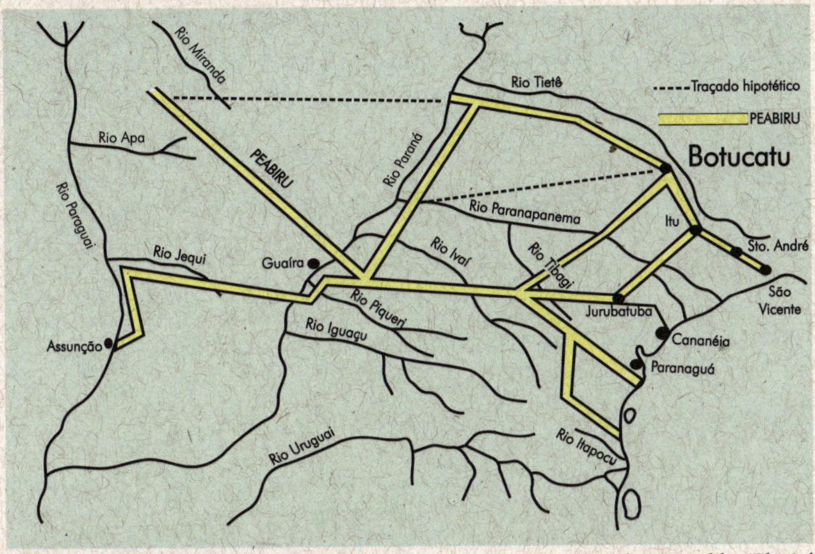

Fonte: Pioneiros e Registros/Renato Báez

Mapa de Luiz Caldas Tibiriçá

Caminho das Missões ○

Sete Povos da Banda Oriental do Rio Uruguai

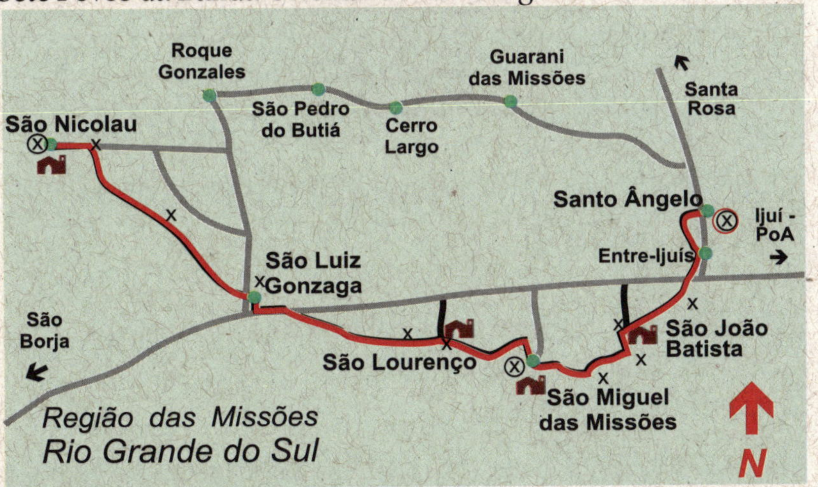

Fonte: www.caminhodasmissões.com.br

Quinta-feira

Atrás das fachadas

Com um cajado na mão, uma cruz no peito e uma mochila nas costas, os peregrinos saem de Santo Ângelo para uma caminhada de 78 quilômetros rumo a São Miguel.

São quatro andarilhos e um guia, caminhando no sentido inverso ao que normalmente fazem os peregrinos das Missões.

A bússola missioneira orienta na direção do sol nascente mas eles têm os seus motivos para serem do contra. Caminham em direção ao poente porque vão participar da Missa da Terra Sem Males, que acontecerá dentro de três dias nas ruínas da catedral de São Miguel Arcanjo.

Uma nova catedral construída à imagem e semelhança daquela foi o ponto de encontro combinado para o início da peregrinação. A imagem da fachada em ruínas de São Miguel e desta outra catedral, reconstruída em Santo Ângelo pelos descendentes dos paulistas e alemães que recolonizaram a região, perseguiram Maduri nos últimos tempos em São Paulo.

As fachadas e perspectivas sempre tiveram um grande poder sobre ela. Desde o tempo em que desenhava os casarões da infância no interior paulista, arejados por enormes janelões de madeira nobre, sombreados por avarandados com redes e abertos para jardins floridos.

Os tijolões de adobe, as telhas de barro moldadas nas coxas e os batentes largos de madeira maciça dos seus sonhos foram trocados por esquadrias de ferro, painéis de vidro e móveis de aço na faculdade de arquitetura. Mesmo sentindo-se claustrofóbica nos espaços fechados que passou a desenhar, Maduri investiu muito tempo e ganhou bastante dinheiro criando formas *high tech* para *shopping centers* e galerias comerciais. Até perder a fé nos templos do consumo e trocar o estúdio bem situado na capital paulista por uma chácara na cuesta de Botucatu, lugar onde viveram seus antepassados.

No início, era o deserto.
Há quase
200 milhões de anos, quando os continentes
ainda não haviam se dividido,
um grande deserto de dunas se formou no
interior de Gondwana
com as areias trazidas pelos ventos.

Com o passar do tempo as areias se compactaram e solidificaram, transformando as dunas em rochas arenosas que muitos milhões de anos depois ficariam conhecidas como arenito Botucatu. Elas foram estudadas pela primeira vez na cuesta de Botucatu, o conjunto de elevações e depressões que atravessa uma boa parte dos estados de São Paulo, Minas Gerais e Goiás.

O antigo deserto cobria também porções que são hoje os estados de Mato Grosso do Sul, Rio Grande do Sul, Santa Catarina e Paraná. Concentrando um terço do seu total no Brasil, as formações com o arenito Botucatu se estendem pela Argentina, o Paraguai e o Uruguai, na região conhecida como bacia do Prata.

Quando as dunas rochosas ainda formavam um grande deserto, terremotos formidáveis romperam a crosta terrestre, abrindo grandes fendas. As dunas do deserto foram cobertas por lavas incandescentes que formaram camadas de basalto sobre as rochas arenosas. Quando o continente de Gondwana se partiu em meio a violentos tremores e as águas dos mares invadiram o seu interior, a porosidade do arenito Botucatu permitiu que se acumulassem imensas reservas subterrâneas do precioso líquido.

Esse mega-depósito de água, uma das maiores reservas subterrâneas do planeta, foi inicialmente chamado de Aqüífero Botucatu, pela ocorrência em toda a sua extensão do arenito que leva esse nome. No final do século 20, foi rebatizado de Aqüífero Guarani em homenagem à grande nação indígena que sobre ele viveu por milhares de anos.

Entre o apagar dos holofotes do sucesso e o acender das velas internas na busca do auto-conhecimento, Maduri viajou bastante por aí e conheceu o outro lado do mundo.

Ao voltar da viagem para o Oriente, já tinha trocado o papel duro das plantas arquitetônicas pela maciez dos panos que passou a pintar em etéreas abstrações.

As mulheres são a sua nova perspectiva. Trabalha com as cores em pinceladas que realçam curvas femininas em organzas transparentes, acariciam corações em robes de seda e acalentam sonhos em lençóis de cetim.

Seu expediente acontece na varanda, em frente ao jardim. Debruçada sobre os panos fixados numa grande mesa, ela se transforma. Vira flor e folha, tronco e raiz. Desabrocha primaveras, inspira orquídeas e transpira bromélias, criando a padronagem dos panos que vão florir nos corpos e nas camas das suas clientes.

De vez em quando Maduri viaja por aí. Quando anda pelas ruas das cidades, fotografa casas e desenha detalhes em blocos de papel nas mesas dos cafés, memorizando fachadas. Seu estúdio na cuesta paulista possui modelos arquitetônicos de vários lugares do mundo.

Foi numa revista de viagens que viu uma foto espetacular da fachada em ruínas da catedral construída pelos Guarani no século 18. Sentiu vontade de conhecer "in locco" essa história dos índios que praticavam uma arquitetura barroca nos pampas. Na sua infância em Botucatu ouvia falar de tesouros abandonados pelos jesuítas, trilhas abertas pelos Inca e guerreiros transformados em montanhas.

A revista de viagens trazia também um mapa com o desenho de uma cidade construída pelos Guarani nos pampas e um relato sobre o caminho que fizeram para chegar até ali.

Corria o ano de 1697 e tinha gente demais em São Miguel, a antiga capital dos Sete Povos das Missões, habitantes da região conhecida na época como Tape.

São Miguel já contava com mais de cinco mil moradores, o limite estimado para uma redução jesuítica pela Companhia de Jesus. Era tempo de criar um novo povoado e padre Antônio se propôs a conversar com o conselho indígena sobre isso.

Sabia que não seria fácil abandonarem São Miguel com tudo o que haviam vivido e realizado ali, mas todos os chefes sabiam também que as terras de cultura não eram mais suficientes para alimentar o povo. Em pouco tempo, a idéia de criar um novo povoado se transformou em realidade com o apoio de 20 caciques e 150 chefes de família.

Padre Antônio cuidou para que fossem seguidas as orientações da corte espanhola e do Vaticano. Todas as reduções obedeciam a um mesmo modelo.

O sol nascia atrás das coxilhas quando ele se pôs a caminhar ao seu encontro com os líderes de São Miguel. O primeiro passo para fundar o novo povoado era encontrar um lugar alto e arejado, com mata e água abundante, a não mais que um dia de caminhada de São Miguel. Da torre da igreja da nova redução deveria ser possível enxergar a torre da catedral, por questões de segurança e comunicação. De dia, elas poderiam se comunicar por espelhos e de noite, com sinais luminosos. Era costume entre os povos missioneiros trocarem informações, favores, serviços e produtos.

Os líderes que seguiram rumo ao sol nascente para fazer o reconhecimento do terreno e escolher a terra nova caminharam um dia inteiro. Já anoitecia quando chegaram ao vale rodeado de colinas e bosques onde pararam para descansar, comer e dormir.

Ao amanhecer, se puseram a percorrer o lugar. No alto das coxilhas descobriram duas fontes de água que corriam pelos campos até chegar no vale e formar um arroio. Ali se banharam, limpando o suor da caminhada e lavando o cansaço.

Padre Antônio gostava de estar no rio com os índios. Mesmo quando competiam, eles eram brincalhões e gostavam de se divertir como crianças. Parecia até que riam com mais gosto quando o objeto da gozação era o padre, que nunca conseguia ganhar deles no vigor e no alcance das braçadas, embora tivesse sido considerado um bom nadador na sua infância européia.

Depois de nadarem bastante, pescaram. Enquanto mateavam e conversavam depois do almoço, resolveram ficar por ali mesmo. No final da tarde, quando o sol se punha para as bandas de São Miguel, subiram ao ponto mais alto das colinas e nele plantaram a sua cruz.

A reportagem contava ainda que existiram 30 Povos das Missões na bacia do Prata. Eram 15 povos na Argentina, oito no Paraguai e sete no Brasil. Ainda não havia divisão entre países e todas as terras pertenciam à Espanha. Os 30 Povos, que chegaram a reunir 150 mil índios, eram oficialmente conhecidos como Província Jesuítica do Paraguai, embora ficassem popularmente conhecidos como República Guarani. A mistura entre o conhecimento europeu e a sensibilidade nativa, temperada pela religiosidade de padres e índios, resultou numa experiência única no mundo.

Era de algo assim que Maduri estava precisando. Um ideal para viver, mesmo que ele tivesse acontecido no passado. Lembrava de ter ouvido vó Belinha contar que os povos das Missões praticavam as principais artes e ofícios em uso na época e realizaram a utopia de uma sociedade fraterna, onde a propriedade era um bem comum e as expressões da cultura constituíam o valor maior.

Mesmo que tudo isso estivesse perdido no tempo, ainda restavam as fachadas para se ver. Com tijolões de adobe, se abrindo para praças e jardins.

Antes de sair de São Paulo rumo ao Rio Grande do Sul para conhecer as Missões, Maduri postou uma carta para Tiago. Mais uma entre tantas sem resposta. Nem se preocupou em colocar algum endereço no remetente.

Chegou cedinho em Santo Ângelo no dia marcado para se juntar aos peregrinos que vão participar da Missa da Terra Sem Males.

Sentada na praça, olhou por muito tempo os pórticos de entrada da catedral angelopolitana e as imagens esculpidas em pedra grés dos santos padroeiros de cada um dos Sete Povos. Uma fachada barroca com pórtico renascentista. Entrando na igreja, admirou estátuas talhadas na madeira com figurinos europeus e um toque indígena no rosto. O que é isso, uma mestiçagem cultural?

Sentindo o silêncio refrescante da grande nave, sossegou o falatório interno. Que importância tem definir em palavras a corte de anjos e arcanjos e a monumental altura das cumeeiras, que revelam a insignificância da mente humana diante de Deus?

Impressionada com o cenário e entusiasmada com a idéia de participar de uma missa solene nas ruínas de São Miguel ao som de um coral de 500 vozes, Maduri imaginou que o encontro dos peregrinos e o início da caminhada seriam algo assim como um ritual religioso.

Contrariando as suas expectativas, não acontece nenhum rito solene. Os peregrinos saem mesmo é da lojinha do Getúlio, dando risada de suas ridículas figuras após cumprir o prosaico ritual de vestir capas de plástico e cobrir mochilas com sacos de lixo para se protegerem do temporal que ameaça desabar.

Antes mesmo de dobrarem a esquina, as águas começam a rolar e Maduri principia a ralar. Logo nos primeiros pés na poça e quase escorregões vem a primeira das muitas lições que aprenderá no caminho.

Por trás das fachadas, há um motivo oculto para ela se transformar em peregrina das Missões. Ao ver na revista a catedral angelopolitana, construída na mesma cidade do Rio Grande do Sul onde seu pai nasceu, teve a louca esperança de que, conectando o elo perdido, poderia merecer o perdão após tantos anos.

Seus companheiros de estrada conhecem perfeitamente os lugares por onde passam e são reconhecidos pelas pessoas que encontram. Ao saber que, excepcionalmente, este não é um grupo de visitantes das Missões e sim de gente dali mesmo, conterrâneos do seu pai, Maduri compreende que a presença de Deus não precisa de rituais para se manifestar.

Ela se lembra do poeta Rumi:

"Quando você cessará de amar e louvar o jarro? Quando começará a procurar a água?"

No princípio, só havia a terra.
Os irmãos Lua e Sol viviam sedentos. Não sabiam como fazer para encontrar a água.

Foram procurar Tupã, aquele que anuncia as águas que caem do céu. Tupã lhes contou que as águas dos rios estavam guardadas nas escarpas da grande cordilheira azulada, coroada de neves e cortada por abismos.

Lua e Sol caminharam muitos dias na direção da grande cordilheira. Mais forte e mais esperto, Sol ia na frente, aprontando malvadezas pelo caminho. Lua, que era ingênua e curiosa, caía sempre nas armadilhas que o irmão aprontava e acabava se machucando.

Sol ria muito de ver Lua sofrer e chorar, mas no fim dava um jeito pra ficar tudo bem e os dois iam seguindo. Quando chegaram na cordilheira e começaram a subir, Sol tanto fez que Lua quase despencou lá embaixo.

Afinal, os dois chegaram num platô e viram três potes de água. Sol mandou a irmã experimentar primeiro. Ela cuspiu no chão. Era água ruim. Então Sol quebrou o segundo pote, deixou a água se derramar e viu que era boa. Lua quebrou o terceiro pote e também viu que era água boa.

Das águas derramadas saíram dois rios. Sol não gostou porque eles corriam na direção da morada ancestral. Então Lua disse é claro, eles correm para a grande água que é a sua mãe. É de lá que vieram as águas dos potes, através das chuvas. É pra lá que elas voltam quando nascem outra vez.

Sol achou que a irmã tinha razão e mergulhou na água que tinha derramado. Saiu nadando e levando o seu rio na frente de Lua, gritando e fazendo sinal para ela ir também.

Lua mergulhou na água que tinha derramado e saiu levando o seu rio atrás de Sol. Ele gritava e ela respondia, para não se perderem um do outro.

Mas Sol tinha deixado o pote maior para a irmã quebrar e o rio dela foi ficando mais forte e mais rápido. Lua não agüentou a correnteza e se afogou. Sol gritou várias vezes, mas ela não respondia. Então, ele mandou o seu rio parar e pulou no rio de Lua para ver o que estava acontecendo. Quando viu que ela não estava lá, começou a pescar.

Pegou vários peixes e quando fisgou um que tinha a barriga muito grande, parou de pescar. Abriu a barriga do peixe e de lá tirou o corpo inerte de sua irmã. Soprou e Lua acordou.

Para não se perderem mais, os dois irmãos resolveram juntar os dois rios num só, bem grande, e com ele continuaram a viajar, espalhando suas águas por uma extensa planície onde se formou, tempos depois, uma densa floresta.

Quando já tinham bastante água, frutos, caça e pesca, os irmãos resolveram povoar o mundo de gente. Sol casou com a onça e Lua com o beija-flor. Tiveram muitos filhos. Esses se multiplicaram e formaram várias tribos que se espalharam pelas margens do grande rio e chegaram através dele até o oceano.

Muitos anos se passaram. As gentes tinham tudo para serem felizes, mas... uns quiseram ser mais felizes do que os outros e para isso tiveram que roubar um pouco da felicidade daqueles. Aprontaram uma daquelas e Tupã mandou uma daquelas também. O céu se rompeu em relâmpagos e muitas cachoeiras caíram dele, inundando tudo. Os peixes nadavam entre as árvores e os bichos boiavam entre as ondas.

As gentes fugiam, de monte em monte. Tiveram que procurar lugares altos onde as águas não chegassem .

Tampu e Tupi pegaram suas tribos e seguiram o curso do grande rio na direção da sua nascente na cordilheira. Tampu quis chegar logo lá em cima, que era mais seguro se as águas subissem muito. Tupi preferiu navegar pelas águas até que elas baixassem.

Quando elas finalmente baixaram, os Tampu resolveram ficar morando na grande cordilheira. Ficava mais perto do Sol, seu pai primeiro, e também oferecia mais proteção contra as tribos inimigas por causa da dificuldade de acesso pelas escarpas montanhosas.

Os Tupi, que seguiam as duas tradições – do Sol e da Lua, resolveram procurar as terras baixas onde era mais fácil viver, com caça, pesca e frutos em abundância. Eles acreditavam que a morada dos ancestrais ficava na direção do sol nascente. E para lá partiram um dia, na busca da terra sem mal.

Rumo ao sol poente

Cauê é o primeiro a entrar no ônibus que vai ao Mato Grosso do Sul levando 22 estudantes da Universidade Federal de Goiás e 10 artistas de circo para trabalhar com o pessoal da universidade federal de lá. Eles vão implantar uma rádio comunitária e realizar oficinas de criatividade e comunicação em Oikové, uma das mais populosas reservas indígenas do Brasil, no município de Dourados.

Cauê não é de nenhuma das duas universidades e também não trabalha em circo mas foi convidado a ir junto pelo que faz na rádio Paraíso, que é também comunitária. Ele opera um programa de radionovelas produzidas por um grupo de jovens que integram uma organização sócio-ambiental na Chapada dos Veadeiros e foi essa experiência que motivou o convite. Trabalhos anteriores realizados nas aldeias indígenas demonstraram que os índios se sensibilizam mais pela arte do que pela retórica. Especialmente os Tupi-Guarani, que têm com a palavra uma relação de encantamento e não diferenciam entre o mito e a realidade, explicou o professor que chamou Cauê para viajar.

Reforçando o contingente mágico, os universitários viajam com palhaços, equilibristas e malabaristas. Além do ônibus com as equipes, segue também um caminhão com o equipamento para montar a rádio e um circo inteiro desmontado com lona, arquibancadas, figurinos e maquiagens.

Cauê tem um outro trunfo, além das radionovelas, para pegar essa carona tão especial. Ele é filho de uma guarani nascida em Mato Grosso do Sul, no município de Dourados.

Por que ela nunca conta as histórias da sua terra e da sua gente?

Houve um tempo, quando ele era pequeno, que a mãe às vezes ficava cismando com o olhar perdido lá longe e chorava. O pai dizia para Cauê não incomodar porque ela estava com o pensamento no passado e precisava chorar os seus mortos.

Agora, ela não chora mais. E também continua nunca falando de lá. É por isso que Cauê gostou tanto de pegar emprestado do professor Marcos esse livro que ele começa a ler antes mesmo de saírem, enquanto espera os estudantes tomarem o café da manhã improvisado no saguão da faculdade.

Cauê já tomou seu café na rodoviária. Viajou seis horas desde Alto Paraíso, na Chapada dos Veadeiros, e chegou em Goiânia quando ainda era noite. Viu o sol nascer no campus da universidade.

O livro conta para Cauê que o Mato Grosso do Sul, o segundo maior estado brasileiro em população indígena e o primeiro em concentração de índios urbanos, possui várias etnias em extinção. O extermínio começou em 1524, quando o primeiro homem branco pisou em terras matogrossenses na busca mítica de um Eldorado que ele confundiu com a busca mística dos Tupi-Guarani pela terra sem mal.

Cauê sente uma sensação de familiaridade ao ler sobre a terra sem mal. Quem sabe sua mãe curou as feridas do passado realizando o destino do seu povo? Pois não é algo assim como uma terra prometida que tantas tribos de tantos lugares estão vindo buscar no Planalto Central?

Lembra das vezes em que ouviu seu pai contar como é que ele e a mãe foram dar na Chapada dos Veadeiros, essa porção até então esquecida do Planalto Central, há mais de 20 anos. O pai se orgulha desse passado e gosta de relembrar as aventuras do Rumo ao Sol, um projeto que reuniu quase duzentos artistas, agricultores e buscadores espirituais nas terras de uma comunidade esperantista ao lado do Parque Nacional da Chapada dos Veadeiros. Fred já tinha 25 anos nessa época, mas Guadalupe ainda não completara 15 e sua vida parecia ter começado aí porque o que lhe acontecera antes disso, permanecia um mistério.

Um misterioso personagem de pele, cabelos e vestes de cor clara, emergiu das águas e inspirou os povos ameríndios a definirem seus caminhos e descobrirem o uso dos alimentos.

Era meio homem, era meio deus. Entre os Tampu, ele ficou conhecido como Viracocha. Entre os Tupi, foi chamado de Sumé.

Mesmo quando o último rei Tampu foi plantado no chão e serviu de semente para o primeiro imperador Inca, Viracocha estava presente. Do lago Titicaca ele apontou para o vencedor a estrada real para Cuzco e o ensinou a pavimentar caminhos nas quatro direções. A nova dinastia se proclamou herdeira do Sol em toda a cordilheira e tratou de conquistar os outros povos.

Quando os Tupi se espalharam pelo interior do continente, foi Sumé quem ajudou a restabelecer a união entre as tribos. Mesmo depois que o vigoroso tronco Tupi se dividiu em dois ramos que tomaram caminhos diferentes.

Um deles seguiu a tradição do Sol e se chamou Tupinambá. Esse clã navegou pelos rios Araguaia e Tocantins, conquistando as praias ensolaradas da costa. No caminho foi encontrando gentes que chamou de Tapuia. Seguiam a tradição do Sonho e não tinham o conhecimento ancestral herdado pelos Tupi da raça que sobreviveu ao dilúvio.

Os Tupinambá conquistaram, influenciaram e renomearam as tribos que encontraram pelo caminho e assim nasceram as famílias Aweti, Arikem, Bororo, Juruna, Mawé, Mondé, Munduruku, Ramarama, Tupari, Tupiniquim.

O outro ramo preferiu a tradição da Lua e se chamou Tupi-Guarani. Navegou pelos rios Guaporé e Paraguai, buscando as águas subterrâneas que afloravam em lagunas protegidas entre os campos e as matas do continente meridional. Na sua longa jornada esse grupo foi deixando filhotes que se chamaram mais tarde Mbya, Kaiowá, Nhandeva, Carijó, Tape.

Muitas centenas de anos depois do início das peregrinações, os dois ramos do tronco Tupi se reencontraram, após terem circundado toda a terra de Pindorama que mais tarde se chamaria Brasil, com incursões pelas terras que se chamariam mais tarde Argentina e Paraguai. Os Tupinambá chegaram pelo norte até os campos de Piratininga, e os Tupi-Guarani vieram pelo sul até as matas de Botucatu. O reencontro se deu entre os rios Tietê e Paranapanema, que desembocam no rio Paraná – o principal formador da bacia do Prata.

Na área de influência desses rios, Sumé operou o seu maior milagre.

Aproveitando o extenso traçado da longa peregrinação em busca da terra sem mal, um grande caminho com várias ramificações foi aberto, unindo a cordilheira dos Andes à costa brasileira e ao interior do continente meridional. Esse caminho ficou conhecido como Peabiru e seu tronco principal partia, à oeste, da sofisticada rede de estradas do Império Inca, conhecido nos tempos pré-coloniais como Tahuantinsuyo.O império abrangia na época as terras que ficaram conhecidas como Peru, Equador, Colômbia, Chile e Bolívia, incluindo partes do Brasil e da Argentina. A rede incaica possuía muitos milhares de quilômetros de extensão e atravessava toda a cordilheira dos Andes desde o extremo norte até o extremo sul, com ramificações para o interior do continente e o Pacífico.

O Caminho do Peabiru partia do mesmo lago Titicaca de onde emergiu Viracocha e onde Manco Capac venceu o rei Tampu, tornando-se o primeiro imperador da família Inca. Conectado com a estrada real para Cuzco e as várias trilhas que vinham do Pacífico, o Peabiru atravessava os chacos bolivianos, acompanhava o rio Paraguai e penetrava o interior do Brasil pelo rio Paraná. Subia o Paranapanema até encontrar a cuesta de Botucatu e seguia para os campos de Piratininga pelo vale do rio Tietê. Por fim atravessava a Serra do Mar indo dar no Atlântico, no ponto onde os portugueses fundariam São Vicente, a primeira vila colonial brasileira. Ramificações do Peabiru mais ao sul iam dar em Cananéia, no litoral sul paulista, atravessavam o Paraná e chegavam ao litoral de Santa Catarina.

Essa extensa conexão com milhares de quilômetros promoveu o intercâmbio entre os povos nativos da América do Sul e favoreceu a visitação de outros povos de outros continentes antes da colonização européia.

"Presente de Sumé", disseram os Tupinambá quando indagados sobre o caminho que os padres Anchieta e Manoel da Nóbrega descobriram saindo da Serra do Mar e que compararam às melhores estradas européias.

Quando o português Aleixo Garcia conheceu a grande estrada que partia do Atlântico Sul e chegava às ambicionadas montanhas do Eldorado, descobrindo-as antes dos espanhóis, os Tupi-Guarani também lhe contaram que o Caminho do Peabiru era um presente de Sumé.

Pois o que serviu para integrar, serviu também para desintegrar. Foi pelo mesmo Caminho do Peabiru que os conquistadores europeus devassaram o continente sul-americano para saquear o ouro e a prata nativos, devastando a nação Guarani à sua passagem.

Buscando o nande reko

– Tanto nos invadiram que nos tornamos invasores, diz o cacique sentado numa das pontas da mesa na sala da Fazenda Santa Fé, a 60 quilômetros de Dourados, no Mato Grosso do Sul.

As pesadas janelas de madeira do salão estão completamente abertas mas mesmo assim o calor é insuportável. Nenhuma brisa move as cortinas de musselina, tão vaporosas que flutuam à menor aragem.

O mate gelado passa de mão em mão na mesa de negociações. De um lado estão Juan Guarani e o cacique Setestrelo. Em frente a eles está o fazendeiro Túlio de Castro, dono da casa, que preferiu não chamar delegado algum nem convidou qualquer empregado para participar da reunião. Ele mesmo preparou a erva e serve o tereré aos visitantes.

Umas 30 famílias da aldeia Oikové chegaram na fazenda há uma lua. Aos poucos, foram arrumando seus pertences embaixo das árvores que margeiam o rio. Sem saber o que fazer com o acampamento, o administrador da Santa Fé telefonou para Campo Grande chamando o patrão.

Ainda bem que esse não é daqueles que atiram antes pra nem perguntar depois, agradece internamente Juan Guarani. Também, os tempos mudaram. Tanto um lado quanto outro da mesa sabem que se a polícia for chamada de nada vai adiantar porque as autoridades também não sabem o que fazer. Foi o próprio governo que tomou as terras dos índios anos atrás para dá-las aos fazendeiros em grandes programas de colonização e plantação de erva-mate. E agora, depois de reconhecido na constituição o direito dos índios às terras dos seus antepassados, o governo fica sem ação quando os fazendeiros querem expulsar os antigos novos ocupantes das suas terras.

- Nem chamamos de invasão a entrada numa fazenda pra recuperar as terras dos antepassados, diz Juan Guarani, complementando o cacique Setestrelo. Foi-se embora o tempo em que os índios se escondiam nas matas quando suas terras eram invadidas. Resolvemos nos organizar e reagir para preservar nossos direitos e posses, até porque não temos mais matas onde nos esconder.

- E agem assim mesmo quando essas posses estão de fato pertencendo a outros que também se julgam no direito de preservá-las? pergunta o fazendeiro.

O cacique olha para Juan. Por ter estudado numa faculdade em Campo Grande e conhecer melhor as artimanhas e controvérsias do mundo dos brancos, Juan tem sido nos últimos anos o principal mediador nos mais diferentes tipos de conflitos que envolvem os índios em Dourados.

- Para entender a constituição que nos protege é preciso considerar o sentimento guarani de pertencimento à terra. Ela não é exatamente uma propriedade material para nós, é um habitat natural e somos nós que pertencemos a ela. O lugar onde nascemos e enterramos nossos ascendentes é onde deverão viver nossos descendentes, por ser o lugar onde realizamos o nosso modo de ser. É o nosso *tekoha*.

Túlio desvia o olhar de Juan e vai atender ao telefone. É sua mulher ligando de Campo Grande, querendo saber como está a situação na Santa Fé. Logo agora que ela gastou tanto na reforma da casa e queria aproveitar as férias que começam na semana que vem foi acontecer isso. Os índios não estão fantasiados com pintura de guerra? Menos mal. Assim não vão manchar de suor e tinta o tecido adamascado das cadeiras.

- Estou no meio de uma aula de cultura guarani. Ligo pra você depois, querida.

Túlio procura manter o bom humor e a serenidade. Lembra do caso recente da fazenda Miraflores, quando o governo estadual aceitou as pressões de um proprietário rural influente e determinou a expulsão dos índios. A ordem não pôde ser cumprida porque os índios ameaçaram suicídio coletivo e a justiça federal anulou a sentença estadual, autorizando sua permanência na fazenda.

No momento, Túlio está mais interessado em conversar e se entender com o cacique para que os invasores procurem ao menos um lugar mais afastado da sede e não atrapalhem as férias da família. Ele pode depois pensar com calma o que fazer, por agora está até gostando de polemizar com Juan, esse índio bem falante. Seria ele uma nova liderança entre os Guarani? Seu jeito lembra um pouco Marçal de Souza, o grande líder assassinado. Pequeno e tímido, ninguém dava nada por ele até que começava a falar e se transformava num grande guerreiro. Atualmente, os índios fazem suas melhores batalhas com palavras. É o que lhes restou, reflete Túlio.

Volta para a mesa de negociações, onde Juan Guarani e Setestrelo aguardam com paciência. Túlio não tem tanta paciência assim, ele não pode se demorar muito ali, tem que voltar logo para Campo Grande. Lembra de ter lido sobre um prefeito que teve suas terras invadidas pelos índios e chegou até a lhes fornecer cesta básica. Não acompanhou o caso para saber como se resolveu, sabe apenas que o político virou notícia e conquistou votos significativos à sua reeleição. Se quiser mesmo lançar sua candidatura a deputado, conforme já antecipou para a mulher e os filhos, terá que começar a cuidar da imagem desde já.

- Proponho uma trégua. Não vou expulsá-los, mas vocês não vão me invadir tanto assim. Vamos procurar um lugar na fazenda onde possam acampar longe da casa da minha família.

Mesmo numa fazenda grande como a Santa Fé, já não há mais lugar para *tekohas* como os de antigamente, constatam Setestrelo e Juan Guarani. O carro de Túlio vai margeando grandes campos de soja que estão sendo trabalhados por uma frota formidável de tratores. Matas nativas, nenhuma à vista.

Passam pelo alojamento dos empregados. Um conjunto cinza de concreto aparente com quartos de um lado e refeitório mais escritório do outro, separados por um amplo saguão onde alguns homens desembarcam um caminhão de mantimentos.

Seguem adiante e vão dar afinal num bosque com uma grande clareira ao meio onde se vêem restos de um acampamento. Pedaços de madeira já meio estragados pela exposição ao tempo estão quase encobertos pelo mato crescido. Ouve-se à direita o barulho de água correndo. Não de um grande rio, mas de um pequeno córrego. Era ali o acampamento dos empregados, quando ainda se construíam as novas instalações.

O cacique anda até o córrego. Agacha na beira e mergulha as mãos em concha na água. Bebe um tanto, joga outro tanto no rosto.

- O rio é limpo neste pedaço, confirma Túlio. Os animais se servem dele um pouco mais embaixo.

É bem mais longe da estrada do que o lugar onde estamos agora, pensa Setestrelo. Ficará mais difícil nos abastecermos de qualquer coisa e buscarmos algum tipo de atendimento nesse começo de vida. Para as crianças, será mais trabalhoso pegar uma carona até Dourados. Melhor. Ficarão mais protegidas. E os adultos também , porque estarão menos na vista dos trabalhadores que não gostaram nem um pouco da chegada de novos moradores na fazenda.

- Conversarei com meu povo, diz o cacique. Vamos nos reunir ao redor da fogueira no final da tarde e tomaremos uma decisão.

Quando estão voltando para a sede, Túlio não resiste em provocar Juan Guarani.

- Esse conceito de pertencimento à terra dos antepassados que vocês estão assumindo não é contrário ao nomadismo guarani e à busca de uma terra sem mal?

Juan sorri. Ele gosta de falar dos mitos da sua gente.

- A terra sem mal é originariamente a morada dos ancestrais. A busca dessa lembrança do convívio com os divinos leva ao encontro com o Deus que mora em cada um de nós. Por isso, a peregrinação em busca da terra sem mal é sempre uma jornada interior. Buscá-la significa estar desenvolvendo o melhor de cada um de nós em harmonia com o nosso *nande reko*, nosso jeito de viver. Mais do que um espaço físico, a terra sem mal é um estado de ser. Mas é, ao mesmo tempo, algo muito concreto porque, sem o *tekoha,* que é o ambiente físico ao qual pertencemos, não podemos praticar o nosso *nande reko.*

O retorno prossegue em silêncio. Juan se lembra das conversas com vó Dolores durante seu exílio no Paraguai, sobre as grandes peregrinações em busca da terra sem mal.

No tempo em que vivia entre matas e montanhas e se vestia de palhas e plumas, o povo nativo do Brasil era formado por tribos que seguiam as tradições da Lua, do Sol e do Sonho.

Os Tupinambá e os Tupi-Guarani herdaram um grande conhecimento dos antepassados, habitantes de terras submersas em tempos imemoriais. Sua cultura se impôs entre os outros povos indígenas, principalmente pelo vigor da linguagem. O conhecimento ancestral dos Tupi lhes ensinou que alma, linguagem e palavra formam um todo. O ser humano é uma alma- palavra porque se expressa por meio do pensamento e da linguagem.

O tronco lingüístico Tupi dominou desde o Caribe até o extremo sul da América, sendo um dos mais falados no mundo. Ao ser adotado por várias etnias, facilitou a comunicação entre os nativos e com os estrangeiros que visitavam o continente antes dos colonizadores europeus chegarem.

A unidade ancestral dos Tupi, criada no começo dos tempos pelos gêmeos Lua e Sol , rompeu-se no tempo das grandes peregrinações.

Os que escolheram a tradição do Sol e se denominaram Tupinambá, desenvolveram a caça e a conquista e se determinaram a acordar os seguidores da tradição do Sonho, que eles chamavam de Tapuia e significava, no seu linguajar, gente primitiva.

Para os que preferiram seguir a tradição da Lua, a questão se colocava de modo diferente. Não se tratava de acordar, mas de recordar o conhecimento ancestral. Essa diferença sutil foi determinante no comportamento das tribos, já que os Filhos da

Lua escolheram um viver mais introspectivo, onde o sonho e a vigília muitas vezes se confundiam. Os nomeados Tupi-Guarani gostavam de se envolver com a arte e a filosofia. Em lugar de querer dominar os seres da natureza, buscaram aprender com eles os fundamentos do ser.

Vó Dolores costumava pontuar suas histórias sobre os filhos da Lua e do Sol com grandes períodos de silêncio. O rosto moreno emoldurado pela longa cabeleira prateada se erguia e o olhar fixava um espaço além do horizonte.Toda ela parecia entrar num transe sereno e profundo.

O conhecimento herdado pelos Tupi lhes ensinou que o ser foi desdobrado do criador, mas não separou-se dele. Todos os seres fazem parte do Todo e se desdobram, com ele, em três mundos e sete dimensões.

A unidade com o todo é o maior dos mundos e não conhece fronteiras. No mundo da Terra a unidade se manifesta como diversidade. E num mundo intermediário, como polaridade.

A polaridade essencial do ser, o seu eixo por assim dizer, fica ao longo da coluna. Dela se desdobram as sete dimensões que se manifestam em sete níveis de consciência. São os sete centros de energia vital do corpo humano, que se misturam e vibram como as sete notas musicais. O corpo humano é uma flauta que entoa a música da vida. Corpo, mente e espírito se afinam através dos sete tons essenciais do ser.

De volta ao Brasil, quando via as pessoas buscando a ciência dos chacras desenvolvida pelos povos orientais, Juan dizia que esse conhecimento sempre esteve ao alcance dos brasileiros, não era preciso ir buscá-lo tão longe. Bastava estudar a cultura ancestral. E também, quando ouvia falar no segredo dos alquimistas, não via mistério algum na sua busca de transmutar as vibrações grosseiras em vibrações mais elevadas para manifestar o ouro da consciência espiritual.

Esses conhecimentos tão sagrados para os povos do mundo faziam parte da cultura sul-americana mas não puderam ser incorporados pelas gentes que nasceram após a colonização.

Pouco antes da chegada das grandes canoas do vento pelo mar, os karai - profetas e pajés, começaram a ir de aldeia em aldeia anunciando o fim dos tempos.

O mundo estava se tornando ruim demais. Era preciso abandonar este mundo para buscar novamente o lugar onde fica a terra sem mal.

Os karai não estavam chamando para grandes peregrinações lá fora como já havia acontecido com o povo Tupi. Dessa vez, eles chamavam para uma viagem interior dentro de cada um, alertando para que se aprofundasse o espaço de união com os divinos, pois estava chegando o tempo dos seres que se esqueceram do espaço indivisível onde se é humano e deus ao mesmo tempo.

Nesse tempo não haveria espaço na terra para os filhos dos divinos, diziam os karai . Eles teriam que se recolher dentro de si numa grande meditação, adormecendo as tradições. Teriam que se aprofundar no diálogo silencioso com os divinos nesse tempo de espera, para manter viva ainda que oculta a força do arandu porä - o belo saber, e acordá-la quando o tempo do despertar chegasse.

As canoas do vento enfim vieram, trazendo como os karai haviam anunciado, a Grande Noite da Terra que adormeceu as tradições.

Artes sedutoras

Os peregrinos celebram o sol no final da tarde do seu primeiro dia de caminhada e chegam ao pouso de Entre-Ijuís a tempo de contemplar os últimos raios brilhando nas águas quase minerais do Parque das Fontes. Entre pastéis e latinhas de cerveja numa mesa à beira do lago, saúdam o início de sua aventura.

O professor Floriano é o único do grupo que trouxe um guarda-chuva. Diz que é para se proteger do sol escaldante de dezembro que ainda não aconteceu durante a caminhada. Para enfrentar a chuva, preferiu uma capa de plástico transparente agora toda salpicada de manchas de barro que se ocupa pacientemente em limpar no chuveiro ao ar livre, passando depois à limpeza dos tênis.

Um a um, os peregrinos vão seguindo o exemplo do professor e se dedicam a limpar o barro da estrada, de início preguiçosamente e logo a seguir com mais vigor, quando a dona da casa comunica que um frango com polenta está quase pronto para o jantar.

Além de Maduri e do professor Floriano, fazem parte do grupo um músico, uma estudante e um guia. O dono da casa é poeta. O prato principal que se degusta durante a noite é a cultura guarani – antes e depois da colonização.

As ruínas que vão visitar no dia seguinte em São João Batista foram o reduto de muitos artistas e lá se fabricavam sofisticados instrumentos musicais.

Floriano trabalha na Universidade Integrada do Alto Uruguai e Missões e recentemente um colega seu descobriu novas partituras da música executada pelos missioneiros. Música sacra composta por jesuítas e tocada pelos índios com os instrumentos que eles faziam copiando fielmente os modelos trazidos da Europa. As cópias ficavam tão boas que os padres as exportavam para os europeus.

Floriano conta que além de formarem orquestras e tocarem música erudita, os índios também cantavam em corais para acompanhá-las. Eram sopranos, contraltos, muitos tenores e vários baixos fazendo o contraponto vocal para flautistas, harpistas, violinistas, fagotistas e organistas. As Missões possuíam filarmônicas comparáveis às dos salões europeus, garante ele. Um dos dilemas que os padres enfrentavam era selecionar os músicos e limitar seu número, porque todos queriam tocar e cantar.

Hermano, o guia, percorreu várias vezes o Caminho das Missões. Sua mãe é argentina e o levou para conhecer as ruínas de Corrientes e Missiones ainda menino. O pai é de Santo Ângelo e gosta de conversar sobre o passado da sua terra. Hermano andou por todas as ruínas que sobraram do lado de cá e do lado de lá do rio Uruguai e subiu até o rio Paraná, se apaixonando pela saga dos Guarani. Gosta de contar as histórias que ouviu nas suas andanças e coloca nelas o tempero amargo do ressentimento histórico contra os colonizadores. Acha, entre outras coisas, que a sensibilidade musical dos índios foi usada contra eles para facilitar a conversão ao cristianismo:

- Quando os padres navegavam pelos rios a fim de conhecer as novas terras de Espanha que vinham conquistar para a fé cristã, gostavam de acalmar os ruídos da floresta e de se acalmar também cantando músicas sacras. Os índios eram atraídos pelo som e desentocavam das matas, chegando perto dos rios para escutar. Os padres não perdiam a chance de fazer o contato e passar seu recado. Explicavam o que estavam cantando e apoiados na religiosidade natural dos povos nativos, encantavam suas mentes e tocavam seus corações. Foi assim que se formaram as primeiras reduções jesuíticas.

- Por que se chamavam assim, reduções? Quer dizer que reduziam a cabeça das pessoas que moravam lá? ironiza Taiana. Com a pele amorenada pelo sol de verão e o corpo modelado pelo *collant* de *lycra,* ela está percorrendo o Caminho das Missões no intuito de ganhar pontos junto à professora de história. Desses pontos depende para passar de ano.

Floriano acha graça e diz que não é bem assim, Hermano retruca que é isso mesmo. O nome vem do latim *reducere* que significa encaminhar para uma direção. Que no caso, eram o caminho e a direção que a igreja católica e a corte espanhola indicavam. A coroa espanhola queria assegurar suas posses d'além mar, colonizar os nativos e arrecadar impostos, mas logo ficou claro que a conquista dos índios não acontecia pela força física. Era preciso arrebatar sua alma.

- Os bandeirantes voltavam para São Paulo liderando verdadeiras procissões de mortos vivos, diz Hermano. Aprisionados e escravizados, afastados de sua tribo, seus costumes e crenças, os índios se transformavam em zumbis embriagados de cachaça e dor. A conquista tinha que ser espiritual e a Espanha contratou a Companhia de Jesus para cristianizar os nativos e impor a cultura européia.

Floriano lembra que os padres "reduziam" os índios também com argumentos materiais como sementes novas, ferramentas e animais, que ofereciam a quem aceitasse o batismo cristão. Depois de tantos séculos vivendo por estas plagas, os nativos já tinham cansado boas terras com as coivaras, as queimadas que faziam nas matas para abrir clareiras e facilitar o plantio. Suas migrações constantes não tinham apenas o sentido místico da busca do paraíso perdido, mas também eram uma forma de fazer descansar as terras usadas e procurar novas terras para plantar.

Leandro, o músico, serve uma taça de vinho da região para Maduri experimentar. Ele acha que foram muitas as artes e artimanhas que os padres usaram para seduzir os índios mas a música foi a que pegou mesmo no calcanhar de Aquiles deles.

Leandro se cobriu de dia com uma capa preta e um chapéu. Depois do banho soltou os cabelos compridos e veste agora uma bata de musselina branca. Maduri sente uma pontada no peito. Ele lembra Tiago. Como esquecer Tiago?

- Os cânticos e as rezas são a expressão espiritual da cultura guarani, o seu canal de ligação com as forças mágicas da natureza, está dizendo o músico. Através desse canal os indígenas acessam suas fontes arquetípicas de sabedoria e se harmonizam com os poderes naturais. Os padres sacaram isso e cuidavam para que os cânticos e as rezas estivessem sempre presentes e fizessem parte da rotina diária das Missões.

Maduri quer saber se os índios também criavam a música que cantavam e tocavam nas missões. Leandro responde que se eles compunham, não deixaram registro disso, mas é difícil que tenham composto porque a música que tocavam não fazia parte da sua cultura. Estavam acostumados com flautas de bambu, maracas e tambores. Cantavam e tocavam dançando, marcando o ritmo com os pés. E de repente se viram às voltas com violinos, violões, harpas, cítaras e fagotes. Eram instrumentos que não tinham nada a ver com a realidade deles.

- Eles eram também compositores, intervém o poeta. Mas quando se tratava do seu jeito de se expressar. Os versos sagrados que contém a cosmovisão do povo Tupi foram reunidos num documento chamado Ayvu Rapyta, que mostra a importância do som para a cultura ancestral.

Ao comparar o Ayvu Rapyta ao Bhagavad Gyta, livro sagrado dos indianos, e à outros livros sagrados de outros povos, o poeta desperta a curiosidade dos peregrinos . Como já haviam cruzado os talheres, ele os convida a se acomodarem na varanda, enquanto vai buscar chá e café na cozinha, prometendo falar mais do Ayvu Rapyta quando voltar.

As cadeiras da varanda são confortáveis e Maduri descansa a coluna cansada pela mochila em braços de vime. Veste uma saia longa de seda pintada à mão com os motivos tribais que aprendeu a desenhar na Indonésia. Os cachos que passaram o dia presos debaixo do boné, agora brilham seus reflexos acobreados sobre a blusa de viscose lilás, a cor predominante na saia colorida. Os tecidos finos deixam passar a brisa úmida que vem do lago e faz Maduri estremecer.

Taiana escolheu a rede para se esticar. Floriano e Hermano conversam num canto. Leandro traz um violão da sala e brinca, improvisando algumas estrofes:

O vento é o respiro da natureza
e o som viaja na sua leveza.

Juntos criam a palavra divina
que anima o espírito da vida.

Quem escuta calado
vive mais feliz
no espaço consagrado.

O poeta traz da cozinha uma bandeja e serve os visitantes.

Ele comenta que, quando os colonizadores perguntavam aos nativos Tupinambá e Tupi-Guarani sobre o conceito de Deus, eles tentavam explicar sobre o som primordial, o espírito musical que gerava a vida e que chamavam de Tupã Tenondé. Os estrangeiros não conseguiam compreender a sofisticada complexidade da cosmovisão Tupi e traduziam Tupã ao modo da sua própria religião, que comporta apenas um deus único e absoluto. Na religiosidade indígena, a divindade se desdobra em várias entidades. A essência de Tupã Tenondé é o grande mistério criador chamado Namandu, feito de vazio e silêncio.

- Por mais diferentes que sejam as palavras sagradas que deram origem às grandes religiões, elas têm sempre uma essência em comum. Lembram daquele trecho da Bíblia que diz: "No início era o verbo. E o verbo era com Deus, e o verbo era Deus"? Pois então ouçam só os versos tupi que descrevem o início da criação por Namandu:

"Nosso Pai Namandu, verdadeiramente o primeiro,
antes de existir a terra,
em meio à noite primeira,
antes de ter-se conhecimento das coisas,
criou a linhagem da linguagem humana
que viria tornar-se alma-palavra.

E fez o grande espírito que se formara parte e todo.

Havendo concebido a origem da futura linguagem humana
da sabedoria contida em sua própria divindade,
em virtude da sua sabedoria criadora,
concebeu como primeiro fundamento o Amor.

Antes de existir a terra,
em meio à noite primeira
e antes de ter-se conhecimento das coisas,

o Amor nasceu.

Havendo criado a origem da linguagem humana
havendo criado uma pequena porção de amor
da sabedoria contida em sua própria divindade,
em virtude de sua sabedoria criadora
concebeu a origem de um som sagrado
na sua bem aventurada solidão."

Os versos do Ayvu Rapyta trazem para a conversa a superposição de culturas provocada pela colonização. Como é possível que uma espiritualidade tão enraizada tenha sido desarvorada pelos padres?

- Sofrer a dominação não significa aceitá-la, pondera Floriano. Não há sucessão ou substituição de uma cultura de forma linear. O tempo dos vencidos não é automaticamente substituído pelo tempo dos vencedores, mas podem coexistir ao longo dos séculos. Em muitos casos, os índios adotavam comportamentos de aparência, de forma a evitar o conflito com os colonizadores. Quando na presença deles, aderiam aos novos costumes e no núcleo doméstico, retornavam à prática ancestral.

- Quer dizer que eles rezavam pra Nossa Senhora na igreja e em casa davam graças a Yari? Pergunta Taiana.

- É mais ou menos isso, concorda Floriano.

Maduri quer saber quem é Yari.

Leandro já ganhou um festival nativista cantando a lenda de Yari e se entusiasma sempre que surge a oportunidade de contar a história da bela índia apaixonada.

A natureza sustentava todos e ninguém pedia mais do que ela podia dar. Os Guarani não conheciam outro anseio a não ser viver como os deuses, que mandam os presentes necessários para aliviar os apuros de quem vive nesta terra imperfeita.

Yari deitou na pedra grande do rio e respirou fundo, tentando acalmar as batidas do coração depois de nadar com fúria contra a correnteza rápida.

A chuva já tinha parado mas as águas continuavam revoltas e rebeldes como o seu coração tempestuoso quando ela mergulhou.

Enquanto procurava tranqüilizar o corpo trêmulo pelo esforço, Yari sentiu o sol massageando a pele molhada, evaporando as gotas frias e brilhantes com a sua língua de fogo. Os mamilos de Yari, que estavam duros de frio, vibraram com a quentura gostosa que lembrava uma outra língua de fogo lambendo seu corpo gota a gota, pedaço por pedaço. Num movimento quase involuntário ela abriu as pernas e deixou o sol entrar.

Na sua lembrança, a língua de Itabaeté desceu dos mamilos para o umbigo, desenhando loucuras na sua pele. Com as mãos ele modelava seu corpo, como se ela fosse feita do mesmo barro que usavam para fazer os vasos torneados de buscar água no rio. Yari sentia nas mãos de Itabaeté, um misto de reverência e desejo. Tinha orgulho da paixão que despertava nele, o mais cobiçado pelas mulheres da aldeia. Todas se encantavam com a melodia que brotava dos seus dedos ao tocar a flauta e com o mel das palavras que ele derramava ao falar.

Na lembrança vívida de Yari, as mãos de Itabaeté agora massageavam suas coxas, abriam caminho com os dedos e com eles penetravam nela, provocando uma sinfonia de gemidos. Também nisso Itabaeté era melhor do que os outros. Ele sabia preparar o corpo de uma mulher com a mesma dedicação que tinha ao tatear a flauta. Só quando sentia que Yari estava pronta, úmida e louca de prazer, é que Itabaeté montava sobre ela, cavalgando lentamente até perder o fôlego.

A respiração de Yari ficou novamente ofegante. Ela ansiou por aquele amolecimento gostoso que percorria todo o seu corpo quando Itabaeté finalmente descansava sobre ela. Yari sentiu o vazio da falta de Itabaeté e gemeu, desta vez não mais de prazer.

Foi para se esquecer dessas lembranças que pareciam ter se grudado na sua pele que ela mergulhou no rio e nadou furiosamente contra a corrente. Ele estava longe. Talvez estivesse agora mesmo brincando na beira de um rio com alguma das mulheres que partiram junto com os mais capazes da aldeia em busca de novas terras para plantar e alimentar a tribo que não parava de crescer. Só ficaram na aldeia os velhos e as mulheres com crianças para cuidar.

Yari não era velha e nem tinha criança para cuidar, mas era a única prenda que restou ao seu velho pai. Desgastado após tantas lutas e labutas para trazer segurança e sustento aos seus, ele dependia agora da atenção e do carinho da sua filha mais nova. Por isso não se consumara ainda o casamento de Itabaeté com Yari, embora ela já tivesse idade para ser sua mulher. Se isso acontecesse, Yari teria que partir com o marido para as campanhas longe da aldeia, e seu velho pai ficaria só e amargurado.

Quando olhou a coluna de pessoas que avançava pelas coxilhas num alarido alegre e aventureiro ir desaparecendo aos poucos no véu da grande mata, Yari sentiu revolta pelo seu destino. Ao se voltar na direção da aldeia, enxergou o pai no alto da coxilha e sentiu o que ele estava vendo. Ele via o tempo passado, quando comandava as campanhas com a voz firme e a visão certeira.O coração de Yari deu uma cambalhota, passando da revolta à compaixão.

Deitada na pedra grande do rio, Yari teve uma inspiração súbita. Sentou-se na pedra e elevou os olhos para o céu. Sabia que aquilo que parece impossível no mundo visível, é possível no mundo invisível. Fechando os olhos, murmurou uma prece a Tupã. Então olhou fixamente para as águas e concentrou toda a sua energia e a sua vontade no espaço entre os dois olhos. Com o seu terceiro olho invisível, Yari projetou no espelho das águas as mais belas imagens que conseguiu guardar do pai – no tempo em que ele era forte e sadio.

Absorta em sua meditação, Yari se esqueceu do tempo e só se lembrou de voltar para casa quando a brisa morna se tornou fria com o por do sol. Já estava escuro quando ela começou a preparar a refeição da noite, sem falar ao pai o que acontecera durante o dia. Quando Yari despertou na manhã seguinte, ele não estava mais na rede.

Ela o viu chegar no fim da tarde, carregando várias ramas de folhas verdes. Sem nada dizer, o velho guerreiro tirou as folhas das ramas e no dia seguinte as colocou para secar e tostar ao sol. Enquanto as folhas secavam ele foi outra vez para o mato e trouxe de lá o material para fazer uma cuia e um canudo de taquara. Intrigada, Yari perguntou o que estava acontecendo.

- Recebi um presente de Tupã, disse seu pai simplesmente. Ele me mostrou durante a noite uma cura para a fraqueza e uma companheira para a solidão. Fui buscar a caá no mato como Tupã mandou e no caminho encontrei Sumé, que me ensinou a preparar a caá-y.

Yari sentiu um arrepio de felicidade. Compreendeu que suas preces foram ouvidas e sem perguntar mais nada, aguardou o desenrolar dos acontecimentos.

Quando a erva ficou pronta, o cacique preparou com ela uma bebida de gosto forte e amargo. Nos dias seguintes, passou longos períodos a bombá-la na cuia, com o canudo de taquara. Aos poucos, as cores foram voltando ao seu rosto sofrido e os passos se tornaram mais firmes. Quando Itabaeté voltou de sua jornada, o pai de Yari não dependia mais dela para lhe fazer companhia. A caá-y se tornara a sua nova companheira.

O presente de Tupã logo se tornou conhecido de todos. Ao longo dos anos, a caá-y continuou trazendo força e clareza para a grande nação das terras férteis da bacia do Prata. E por ter dado origem ao costume de tomar o mate chimarrão, Yari se tornou senhora dos ervais do sul.

Lendário Eldorado

Nas terras que a estrada margeia, rasgando pastagens e campos de soja, aparece uma plantação de erva-mate. O ônibus dobra à esquerda e pega uma estrada secundária onde se lê, numa placa de madeira com letras pintadas à mão, que aquela é a entrada para a aldeia Oikové, na Reserva Indígena de Dourados.

Duas salas foram reservadas na escola aos estudantes e artistas circenses de Goiás que chegam junto com a noite. As carteiras e cadeiras estão empilhadas nos cantos e os colchões foram arrumados um ao lado do outro, formando uma grande cama coletiva.

O professor Marcos pede que escolham uma sala para as meninas e outra para os meninos, mas eles se misturam de acordo com as amizades, namoros e preferências. Cauê não conhecia ninguém quando começou a viajar, por isso para ele tanto faz. Um grande cartaz pregado na parede de uma das salas chama a sua atenção. Nele, está escrito assim: "Posso ser o que você é sem deixar de ser o que eu sou". Num outro cartaz, está escrito o seguinte: "Não ensinamos nossos filhos a competir. Ensinamos a repartir e a compartilhar."

Cauê resolve ficar por ali mesmo, mas nem dá tempo de escolher o seu lugar no chão. Mistura a mochila com as outras em cima das mesas e cadeiras encostadas num canto da sala e segue com o grupo para o galpão central da escola, onde já se anuncia o jantar. A fome é braba, o jantar está pronto e as cozinheiras contratadas para atender ao grupo precisam deixar a cozinha arrumada antes de voltarem para a cidade.

– Onde estão os índios?

É muito tarde para ficarem por aqui, explica o assessor municipal que os acompanhou de Dourados até a aldeia. É perigoso circular por aí à noite e quando começa a escurecer, todos vão pra casa.

Cauê estranha. Sabe que é assim numa cidade grande, mas numa aldeia indígena, qual pode ser o perigo? Está acostumado a andar pelas ruas do interior de Goiás a qualquer hora do dia e da noite. Se fazia uma idéia romântica sobre o lugar onde nasceu sua mãe, parece ser chegado o tempo de rever suas fantasias.

- *Is not* mole a vida por aqui, diz Patrícia, a moreninha que já esteve antes na aldeia com o professor Marcos para conversar com os professores locais sobre a visita dos estudantes.

- Não dá pra bobear. Dourados é a capital brasileira da nação Guarani e tem gente saindo pelo ladrão na reserva, explica Patrícia. É muito perto da área urbana e a reserva acabou se contaminando com o que existe de pior na civilização dos brancos. Rolam estupros, assaltos e assassinatos.

- Eu sempre pensei que os Guarani fossem um povo pacífico, comenta Cauê.

- E são. Mas quando você oprime um povo até destruir toda a sua identidade cultural e o mantém acuado como um bicho, ele vira uma outra coisa, diz o professor Marcos.

- Não se trata só dos Guarani, esclarece Santiago, o assessor municipal. A reserva possui moradores brancos e índios de outras etnias e essa mistura por si já provoca conflitos. A história era outra coisa há menos de 200 anos, quando os Guarani dominavam mais de 25% das terras do Mato Grosso do Sul. Perderam 90% do que possuíam. As terras foram ocupadas por brancos, principalmente gaúchos e paulistas, em projetos de colonização promovidos pelo governo. Despejaram os índios e os confinaram em reservas subdimensionadas diante de suas necessidades. Aqui na Oikové, a proporção é de menos de um hectare de terra pra cada pessoa. Cinco vezes menos do que o mínimo recomendado pela Fundação Nacional do Índio. Qualquer boi das fazendas vizinhas tem mais do que isso pra viver.

- Se os índios sempre viveram daquilo que a terra dá, como estão fazendo agora que ela não dá mais? pergunta Cauê.

- Foram obrigados a buscar trabalho fora das aldeias. Ficam meses longe de casa vivendo num regime de quase escravidão nas fazendas e usinas. O que eles ganham não sustenta as famílias que se desestruturaram e acabam pedindo esmolas na cidade.

Enquanto Santiago faz o seu diagnóstico do aperto indígena, duas meninas da aldeia se aproximam do galpão onde os estudantes estão jantando.

- Nem todos têm medo de andar por aí, observa Cauê.

- Alguns não têm mais nada a perder, avalia Santiago.

Cauê puxa conversa e fica sabendo que nenhuma das meninas que chegaram usa um nome indígena como o seu. Elas são simplesmente Edna e Luisa.

Pergunta sobre as festas da aldeia e se os estudantes podem participar enquanto estiverem ali. Elas se olham e riem. Preferem as festas da cidade e não querem mais saber dos costumes antigos.

Edna pergunta se Cauê e seus amigos gostam de cheirar

cocaína. Tem bastante para comprar e ela pode indicar um cara que faz um preço legal ali mesmo em Oikové. Garante que o pó é do bom porque já experimentou. Conta que gosta também de tomar pinga, principalmente quando sai com homens mais velhos pra ganhar um trocado.

Edna tem 10 anos de idade.

Cauê não esperava por essa. Agradece o convite da menina e talvez por não saber o que dizer, pergunta se ela já ouviu falar do Caminho do Peabiru – uma das descobertas que o impressionou no livro que começou a ler no campus da universidade, em Goiânia. A menina nunca ouviu falar e se desinteressa dele. Vai conversar com outra pessoa. Mas Santiago, que acompanhou a conversa e mantém os olhos cravados em Cauê, diz que as trilhas do Caminho do Peabiru foram apagadas durante a colonização. Recentemente pesquisadores encontraram alguns vestígios, como os trechos pavimentados com pedras, a 50 km do rio Miranda, que se acredita pertencerem ao Caminho do Peabiru. Também no Paraná, foram encontrados vestígios do caminho e até uma espécie de calendário solar esculpido na pedra.

Santiago nasceu numa fazenda às margens do rio Paraná e conhece histórias antigas sobre a passagem pelo Peabiru de Aleixo Garcia , o primeiro colonizador a penetrar as terras matogrossenses em busca do Eldorado e a chegar no Império Inca.

Ao ouvirem falar no lendário Eldorado e na descoberta do Império Inca, os estudantes ficam curiosos e puxam pelas lembranças de Santiago.

O lendário Eldorado foi objeto do desejo de várias expedições de europeus, que ouviam fascinados os nativos sul-americanos falarem de uma civilização no interior do continente que possuía ouro e prata e sabia fazer belíssimos objetos.

Em 1515, uma caravela que voltava para a Espanha sem ter conseguido chegar ao rio da Prata, na busca da passagem inter-oceânica que levaria à terra cobiçada, naufragou no litoral de Santa Catarina. Os náufragos conheceram então uma tribo dos Tupi-Guarani e foram por ela acolhidos.

O português Aleixo Garcia, um dos náufragos, casou-se com uma nativa e com ela teve um filho. Aprendeu a falar a língua tupi e, aproveitando-se da confiança que conquistou entre os moradores da aldeia, conseguiu que lhe contassem de onde vinham os adornos de metal precioso que costumavam usar . Garcia ficou sabendo então do Caminho do Peabiru, que levava às montanhas de ouro e prata no extremo oeste continental.

Garcia convenceu um grupo de nativos a fazer com ele e alguns companheiros que restaram do naufrágio, a longa marcha rumo ao Eldorado tão sonhado.

A bela Jurema quis ir junto. Ela conhecia alguns detalhes do caminho através de um guerreiro quíchua, da terra dos Inca, que esteve na aldeia luas antes da caravela naufragar na praia. O guerreiro se chamava Taurisca Paucar e chegou pelo Caminho do Peabiru, conforme dizia, em missão de paz. Jurema nunca se esqueceu dele. Gostou de suas roupas coloridas, do porte altivo, as penas grandes e luxuosas e os adornos de metal que usava.

Tarisca Paucar ofereceu um presente ao cacique da aldeia e pediu permissão para acampar na praia. Escolheu uma rocha que avançava para o mar e permitia uma visão panorâmica do horizonte. Ali passava horas olhando o mar e ali mesmo pescava e dormia. Às vezes saía em busca de outras praias e outros horizontes, mas sempre voltava para a rocha avançada sobre o mar.

Algumas crianças começaram a levar frutas para o estrangeiro. Gostavam de pescar com ele e aprender palavras de sua língua, o quíchua, enquanto lhe ensinavam o tupi. Jurema levava caá-y na cuia para Tarisca Paucar e ficavam mateando, olhando para o horizonte onde apenas se moviam as aves marinhas e as pirogas dos nativos em busca do seu peixe.

Ela lhe perguntou se não se cansava de ficar sempre pelas praias olhando para o mar. Ele contou então que os oráculos do Tahuantinsuyo, o grande Império dos Inca, tinham profetizado que em breve chegariam conquistadores pelo mar. Viracocha lhes dizia, através dos mesmos oráculos, que não havia nada a fazer. Era necessário submeter-se.

Mas como, submeter-se? Esse era um verbo impossível de ser conjugado pelos orgulhosos filhos do Sol.

Huayna Capac, o imperador que recebeu a mensagem dos oráculos, mandara fortificar os arredores de algumas das principais cidades do Tahuantinsuyo. Guerreiros foram enviados para toda a costa do Pacífico e do Atlântico para que vigiassem principalmente os locais onde era mais fácil aportar.

Jurema achou a história um pouco louca mas continuou procurando se entender com Tarisca Paucar até que seu pai chegou de viagem. Ele gostava de navegar pelos rios e foi assim que chegou na aldeia tempos atrás, vindo lá dos Tupinambá. Gostou de sua mãe e ficou por ali um tempo. Desde que Jurema nasceu estava sempre indo ver a sua gente e sempre voltando para elas. Daquela vez, quando chegou, ele não gostou nem um pouco de saber da amizade de Jurema com o quíchua.

Conforme contou em casa e repetiu ao cacique, outros guerreiros do Inca estavam aparecendo em vários pontos do litoral e alguns chefes achavam que o império das montanhas de ouro e prata pretendia expandir seus domínios na direção do Atlântico. Além de dominar o povo quíchua, a grande e poderosa família Inca conquistara também todos os povos da cordilheira e da costa do Pacífico.

Não demorou muito e Tarisca Paucar foi mandado embora da aldeia. Algumas luas depois, a grande canoa do vento naufragou na costa e os caraíbas sobreviventes foram salvos na praia. Jurema achou então que o quíchua falara a verdade, e agora que os caraíbas se preparavam para ir à terra dele, ela achou que precisava ir junto.

Ainda bem que o pai estava viajando outra vez e não podia impedi-la. Em vão a mãe tentou fazê-la desistir. De natureza introspectiva e sensitiva, não tinha bons augúrios sobre a viagem, mas não conseguiu domar o espírito ardoroso e rebelde que Jurema herdara do pai.

A revelação de seu nome veio antes de completar um ano. Seu pai sonhou o nome e contou ao rezador da aldeia. Então, fizeram o batismo de Jurema.

Na aldeia era o rezador quem ficava conhecendo, através de um contato direto e profundo com Namandu, de onde vinha a alma da criança. Algumas vezes, o rezador demorava até dois anos para conhecer o lugar de origem da alma e nomear a criança. Mas também permitia, e até esperava, que os pais se adiantassem entrando em contato com a alma dos filhos e recebendo a revelação do seu nome.

Jurema é o nome de uma árvore sagrada para os Tupinambá. Durante a seca nordestina, quando o sertão fica vermelho e cinza, apenas a jurema e o mandacaru permanecem verdes e com reserva de água. No auge da seca, o interior da jurema permanece viçoso. Quando as chuvas voltam, fazem cair por terra a sua casca seca e a jurema reaparece jovem e fresca.

Entre os presentes que Sumé deu aos Tupinambá, o conhecimento sobre o uso da jurema foi dos mais apreciados.

Aprenderam a extrair dela um vinho de uso medicinal e religioso, bebido durante rituais conduzidos pelos pajés. Além de proporcionar o transe místico em quem a bebe durante rituais, a jurema também dá força e resistência, e foi muito usada pelos guerreiros tupinambá durante os combates.

A bela Jurema se preparou para a viagem através do Caminho do Peabiru, selecionando gramíneas de sementes glutinosas para levar. Ela seguiu na frente, com os batedores, semeando as gramíneas. Assim, quando o grupo maior de pessoas passava, as sementes grudavam nos seus pés e pernas, multiplicando o plantio que mantinha o caminho fresco e novo.

Os europeus não acreditaram quando os nativos lhes disseram – mas eles podiam caminhar descalços sobre o Peabiru, que nos trechos de terra se abria em oito palmos de largura, atapetados com grama miúda. A cada 18 quilômetros, encontravam um ponto de parada que protegia do sol e da chuva e permitia aos viajantes descansarem. Nos trechos incaicos, essas paradas se abriam para pomares e lugares de banho. Mais admirados ficaram os marinheiros europeus ao encontrarem, ao longo do percurso, diversas marcações astronômicas, a maioria feita em pedra. Indicavam solstícios, equinócios, pontos cardeais e até constelações.

Trilhando o Peabiru pelo ramal sul, os aventureiros pegaram o rumo do rio Itapocu e cruzaram o nordeste catarinense. Pelas cabeceiras do rio Ivaí chegaram ao médio Piqueri até cruzar o rio Paraná. Atravessaram o pantanal matogrossense, enfrentaram as tribos hostis do chaco boliviano e chegaram por fim às portas da capital dos Inca.

Lá chegando, os europeus foram tomados por uma espécie de febre. Tentavam negociar peças trabalhadas em ouro e prata por quinquilharias e, quando não conseguiam, as roubavam. Afinal, desagradaram aos nativos e tiveram que fugir, levando um bom carregamento de ouro e prata. Quando fugiam, foram atacados e perderam parte do grupo.

A volta seguiu tensa. Os guaranis que os acompanhavam não compreenderam o comportamento dos europeus e ficaram revoltados. Aleixo Garcia acampou às margens do rio Paraguai e deixou que alguns indígenas seguissem na frente com amostras de ouro e prata.

Jurema não tivera tempo de encontrar um guerreiro dos Inca como desejava. Mas acabou conhecendo um nativo das cabeceiras do Paraguai que sabia usar as plantas da grande floresta. Ela lhe contou seus pressentimentos sobre as intenções malévolas dos caraíbas. Ele lhe falou então sobre um tipo de cipó que existe nas matas e que chamavam de curare. As tribos guerreiras costumavam arrancar a raiz do cipó e raspá-la. Misturavam as raspas com água e passavam tudo numa peneira, explicou o amigo de Jurema. O resultado era levado ao fogo até ficar um líquido grosso e viscoso que os guerreiros passavam na ponta das flechas. Era morte certa para os animais e os inimigos.

Jurema conseguiu que seu amigo lhe arrumasse um pouco de curare. Ela mesma preparou a tala, apontando bem a ponta. Na confusão que se seguiu à morte de Aleixo Garcia, a bela fugiu e sumiu nas matas próximas ao rio Paraguai.

As amostras de ouro e prata pilhadas pelos portugueses afundaram com o navio que as levaria até a Europa, mas as notícias sobre a expedição brasileira às montanhas de ouro e prata provocaram marolas e marés.

O Eldorado existia. E havia um caminho transcontinental para chegar até ele.

Acordando as tradições

As mulheres recolhem as roupas que lavaram durante o dia no rio e deixaram secando ao sol. Os homens vão e vêm trazendo paus e palha do mato para o acampamento. Está na hora de preparar a fogueira para aquecer a noite fria que vem chegando.

Sentados em volta do fogo, tomando o mate e assando o milho, os acampados ouvem a narrativa do cacique Setestrelo e de Juan Guarani. A discussão sobre a mudança de lugar proposta pelo fazendeiro não demora muito a chegar num consenso. Andar mais não é o problema se a paz é a solução.

Juan tem uma novidade. Fez contato com uma organização que trabalha com a questão indígena e foi prometida uma doação em dinheiro para realizarem benfeitoria no acampamento. Deverá ser algo assim como marco e símbolo da ocupação.

O anúncio provoca uma animada discussão. Os homens querem construir um abrigo sólido onde todos possam se proteger do inverno que vai chegar. As mulheres preferem uma cozinha com fogão e pia na altura convencional, para livrarem as costas do fogo de chão e das idas e vindas ao riacho carregando latas e utensílios na cabeça.

Juan ouve todos em silêncio e quando os argumentos de uns e de outras já estão bem colocados, ele começa a falar.

- Estamos resgatando a terra dos antepassados. Nossa maior afirmação para legitimar o território que retomamos como um patrimônio herdado, será construir uma casa onde todos possam se reunir em torno dos costumes ancestrais. Um lugar para cantar, tocar, dançar, rezar e conversar sobre os problemas comuns num ambiente tornado sagrado pelas práticas rituais.

Juan não faz um discurso. Sua fala é mansa, seus olhos procuram os olhos dos ouvintes.

- Precisamos recuperar a identidade perdida. Nosso mundo religioso, com seu repertório de lendas e mitos, nossas práticas e rituais formam a grande teia que mantém unido o povo guarani. Se essa teia se romper, começaremos a vagar sem rumo e nos perderemos de nós mesmos. Nosso espírito se enfraquecerá e ficaremos vulneráveis à imposição de crenças e costumes que nos desagregam e nos destroem.

Vocês sabem o que acontece numa reserva. Já temos mais de 10 igrejas evangélicas só na Oikové. Eu não tenho dúvida que esses religiosos bem intencionados já salvaram muitos dos nossos do alcoolismo e da prostituição, mas ao mesmo tempo tornaram essas almas reféns de uma cultura que pouco tem a ver com os nossos valores. Como esse conflito em que estamos agora, provocado pelo desrespeito desses novos guias espirituais às nossas tradições. Vocês se lembram como chegamos nessa situação. Há 40 anos um grupo de missionários alemães assessorou a Fundação Nacional do Índio na sua política de aldeamento. Tiraram nossos antepassados que viviam dispersos nas terras que hoje pertencem à fazenda Santa Fé e os confinaram em reservas com terras que já eram poucas para a subsistência naquela época e se tornaram menos ainda com o crescimento das famílias e as invasões dos fazendeiros.

Os missionários apoiaram a política de aldeamento do governo, com lotes individuais para famílias concentradas em reservas, porque isso facilita o trabalho de catequese deles e o seu controle sobre o comportamento dos convertidos. Mas com isso nos partem ao meio. Quebram a espinha dorsal da nossa organização econômica e social que é trabalhar em conjunto para todos e nos transformam em pessoas individualistas. E quebram também o esteio moral da nossa religiosidade, tornando-a dependente da igreja e dos padres quando sabemos que o contato imediato e direto com Deus é um direito de cada um de nós.

Infelizmente nosso povo está partido ao meio, conclui Juan para os companheiros sentados em círculo ao redor da fogueira. Precisamos de muitas casas de reza para que cada um se erga e se integre consigo mesmo e com os outros no canto, na dança, na meditação, na oração. Na celebração da vida. Para que a vida volte a fazer sentido entre aqueles que perderam a sua alma no meio do caminho.

Juan Guarani não se cansa de defender os mesmos princípios com palavras renovadas. É para isso que está ali, de volta após muitos anos de afastamento.

Quando chegou, a situação era pior do que está agora. Ele pensou que não tinha mais jeito e que a extinção era o caminho inevitável de um povo que chegara numa tal situação de degradação que protagonizava o seu auto-extermínio.

A cachaça era a divindade que predominava. Os jovens só queriam saber das festas e dos embalos na cidade, onde eram rejeitados e expulsos muitas vezes dos bares e lojas.

Alguns índios mais velhos ainda se reuniam algumas vezes em cerimônias que se tornavam grotescas com a pinga que não os abandonava mesmo em seus momentos quase sagrados.

Ao contrário do que acontecia nas aldeias Guarani, onde o povo sempre foi de natureza alegre, em Oikové havia muita tristeza. Seus moradores tinham perdido a maior riqueza do índio, que é saber ser feliz. As festas tradicionais, quando aconteciam, eram envergonhadas. A cultura nativa estava desacreditada. A falta de perspectiva levava às drogas, à prostituição, à violência. Ao desprezo pela vida. As notícias que se publicavam nos jornais sobre Oikové traziam uma fama nefasta para a aldeia.

Juan quase sucumbiu à depressão. O que viera fazer ali? O que poderia fazer ali?

Aos poucos, foi descobrindo as pessoas que continuavam inteiras e poderiam ajudá-lo. E assim redescobriu Andiara. A mais linda lembrança que guardara no seu coração de menino. A lembrança que, nos momentos de revolta e desejo de vingança nos primeiros tempos de exílio em terras paraguaias, apaziguara sua alma.

Com o passar do tempo foi guardando a lembrança sagrada do seu primeiro amor num cofre secreto do coração. Tão secreto que acabou por esquecê-lo. Mesmo quando atravessou de volta a fronteira e se fixou em Campo Grande, ainda assim não pensava em voltar a Dourados. E nem imaginou que voltaria a ver outra vez Andiara.

Até aquela noite em que sonhou com ela. As cenas do sonho eram tão vivas que ao acordar chegou a ver a menina magrinha de vestido curto que iluminava os olhos de alegria e abria a boca num sorriso só quando ele se aproximava. Ela costumava olhar demoradamente para Juanito quando ele falava, mergulhando em suas palavras como se fossem um lago ensolarado. Andiara fora a sua primeira platéia, a ouvinte atenta e interessada que o estimulara a expressar idéias e princípios, ajudando a colocar em ordem seus pensamentos e sentimentos.

Quando sonhou com ela Juan estava envolvido com os desaldeados de Campo Grande, os índios que não têm como sobreviver nas reservas e vão para as cidades se virar como podem. Por pior que fossem as condições nas aldeias, ainda era melhor que ficassem nelas entre parentes e amigos, aconselhava Juan, tentando se organizar e trabalhar em mutirão, em vez de se degradarem com a mendicância e a prostituição na periferia de Campo Grande. Apesar dos conselhos, Juan era ele mesmo um desaldeado, ainda que em melhores condições do que a maioria por ter estudado numa faculdade. Ao sonhar com Andiara e os tempos de menino em Oikové, achou que estava na hora de voltar para casa.

Na fazenda Santa Fé, Juan lembra do dia em que reconheceu a mulher que fora a sua menina. As marcas deixadas pela vida no corpo de Andiara não conseguiram apagar o frescor da sua alma. Ali estava o mesmo olhar iluminado pela alegria de vê-lo.

Agora que tudo parece estar se encaminhando bem na fazenda, Juan está ansioso por chegar em Oikové.

No dia seguinte as equipes universitárias começam a trabalhar na aldeia. Ele tem articulado a vinda deles com Timbó, que foi seu professor em Campo Grande, e sabe que os estudantes goianos estão trazendo alguém da rádio comunitária de Alto Paraíso. Esse é o mensageiro que vai lhe trazer notícias de Guadalupe e Juan não consegue deixar de sentir um frio na boca do estômago.

Nunca esquecerá a dor dos primeiros tempos em território paraguaio, quando as lembranças de Andiara e Guadalupe acalentavam seu sono. Ao acordar sozinho na terra estrangeira, a saudade parecia cortar a sua carne.

Ao buscar o exílio orientado pelas histórias que seu pai contava em Oikové sobre o Paraguai, Juan foi dar nas barrancas do rio Paraná e tentava lavar as feridas entre saltos e corredeiras. Recebeu abrigo na casa de vó Dolores e retribuía vendendo seu artesanato para os turistas que visitavam as ruínas da missão jesuítica de Trinidad Del Paraná.

O lugar estava impregnado de história. Juan soube que chegaram a se formar 60 povos catequizados na bacia do Prata, mas apenas 30 sobreviveram aos ataques dos europeus e seus descendentes. Ainda assim por muita insistência dos missioneiros, que tiveram que reconstruir mais de uma vez as mesmas povoações.

Juan gostava de circular pela praça rodeada de casas onde tinham morado os missioneiros e chamava a atenção dos visitantes, quando lhe davam essa chance, para a sacristia transformada em museu com as esculturas de anjos músicos. Os frisos do altar da igreja representavam um índio tocando maracá, instrumento feito com planta nativa. As portadas e os capitéis foram adornados com flores e frutos também nativos.

Para Juan, essa mestiçagem nas artes plásticas, chamada de barroco criolo, era uma comprovação de que a tradição ancestral não fora vencida pela aculturação. Quando trabalhavam com elementos da cultura européia, os indígenas acrescentavam os elementos de sua própria cultura.

Ele gostaria de conhecer Candelária, a antiga capital dos 30 povos das Missões. Soube que lá os jesuítas possuíam mais de quatro mil volumes em sua biblioteca. Chegaram a imprimir seus próprios livros nas prensas da redução de Loreto.

Juan queria conhecer mais o passado do seu povo. Muitas vezes se revoltava com os relatos escritos sobre os indígenas com a ótica dos conquistadores, reforçando equívocos e preconceitos. A tradição Guarani sempre fora oral, não havia uma escrita. E portanto, os relatos que ficaram são dos colonizadores, que viam o nativo como um ser inferior. Juan compreendeu que a civilização moderna trata os índios como se fossem um anacronismo, uma cultura em extinção, ou então confunde todos numa mesma massa amorfa, ignorando que são povos distintos com culturas diversas que ainda vivem e buscam seguir suas tradições nos dias atuais.

Quando morava na reserva, tão perto de Dourados, Juan mergulhou na cultura dos brancos. Não havia muito estímulo ali para conhecer a cultura nativa. No Paraguai, na terra do seu pai onde a população é indígena em sua maioria, e onde as missões deram uma sobrevida à nação Guarani, é que Juan vislumbrou a verdadeira dimensão das culturas nativas da América.

Vó Dolores, com quem viveu em Trinidad, foi sua guia na viagem através da ancestralidade. Ela contava para Juan histórias dessa América do Sul ignorada pela história oficial , que foi habitada desde muitos milhares de anos atrás por descendentes de grandes clãs que se desmembraram em outros, resultando em centenas de etnias com milhões de integrantes.

Do alto das montanhas de Vilcabamba as mulheres jogaram toneladas de pedras nos invasores que tentavam tomar a cidade fortificada, refúgio dos últimos imperadores do Sol e cerne da resistência Inca durante 40 anos.

As tropas invasoras tinham, à sua disposição, muitos soldados espanhóis e indígenas aliciados com modernas armas de fogo. Para Tupac Amaru, não restavam mais do que 500 guerreiros com armas primitivas.

Enquanto as mulheres combatiam na dianteira, os guerreiros preparavam, na retaguarda, a retirada do Imperador, seus parentes, as mulheres escolhidas do Inca, as virgens do Sol e o Punchao – o gigantesco e magnífico ídolo de ouro que representava o Pai Sol.

A comitiva imperial partiu finalmente. Ficaram para trás velhos, mulheres e crianças, moradores da cidade que não ofereciam resistência aos espanhóis, mas mesmo assim, a cobiça e o preconceito foram impiedosos: os invasores degolaram todos, roubaram seu ouro e prata, incendiaram os palácios, templos e casas, destruíram os ídolos do culto ao Sol.

Os fugitivos se embrenharam na selva amazônica. Na terra inundada pelas chuvas caminharam durante dias, atravessando o calor sufocante dos pântanos. Por fim, chegaram numa aldeia.

Enquanto a comitiva descansava, Tupac Amaru conferenciou com seus capitães, que juraram segui-lo até a morte. Acompanhado por 80 homens, ele se preparou para levar o Punchao ao Paititi – a cidade dourada oculta na grande selva.

Ima Sumac quis ir junto.

Neta do imperador Manco Inca com uma de suas mulheres escolhidas, Ima Sumac tinha a linhagem e a beleza necessárias para se tornar uma virgem do Sol como desejara. Poderia ir para a cidade sagrada entre os altos picos nublados, longe das atribulações da guerra e dos mexericos da corte em Vilcabamba. Para sempre consagrada ao Pai Sol, viveria devotada às artes e aos rituais.

Após o assassinato do imperador Titu Cusi, seu irmão mais novo, Tupac Amaru, que vivia recluso nas montanhas, foi trazido a Vilcabamba para ser coroado. Ao ver o novo Filho do

Sol, Ima Sumac soube que sua vida seria consagrada a ele. Abandonou o culto à virgindade e escolheu ser uma das muitas mulheres que ficavam à disposição do Inca, mesmo sabendo que poderiam nunca merecer seus favores e gozar em seus braços. Ou que poderiam até, serem dadas em casamento a outro homem que merecesse tal cortesia do Imperador.

Não foi o caso de Ima Sumac. Quando sua tia, a Coya, irmã e esposa de Tupac Amaru, quis lhe arrumar um bom marido para que deixasse de enfeitiçar o seu, Ima Sumac ameaçou suicidar-se. Nenhum outro homem além do Filho do Sol poderia lhe por as mãos.

E agora, no momento em que Tupac Amaru se preparava para deixar a corte, a família e as mulheres consagradas, Ima Sumac teve a certeza que, se fosse deixada para trás, não teria mais ânimo de viver e criar o filho do Imperador que carregava no ventre.

Nos tempos áureos do Império, o Sol e o Filho do Sol tinham à sua disposição muitas mulheres entre as mais belas e nobres do reino, que renunciavam ao casamento para viverem em retiro, consagradas ao serviço divino e à casa imperial. Nos tempos finais de Tupac Amaru, a maioria delas já havia se refugiado na cidade escondida entre as nuvens. Havia bem menos mulheres ao seu dispor. Essas porém, mantinham a mesma devoção de tempos atrás.

Quando Tupac Amaru dobrou a primeira curva do caminho rumo ao exílio, Ima Sumac estava esperando por ele.

Não havia tempo para ponderar e convencê-la a voltar. O Inca se deixou mais uma vez conquistar pelo poder da mulher consagrada. Ima Sumac seguiu junto com o imperador, seus guerreiros e o Punchao.

Seguiram para as terras férteis dos Manaries. Lá conseguiram canoas emprestadas mas, antes que embarcassem, um guerreiro os alcançou. Avisou que todos da comitiva imperial que ficaram para trás na aldeia foram presos e levados para Vilcabamba. Pressionados, alguns moradores da aldeia onde se hospedaram deram a pista dos fugitivos aos espanhóis.

Tupac Amaru sentiu que era o fim. Mas num derradeiro esforço, tentou salvar seus últimos tesouros.

O Punchao, o sol de ouro modelado com as cinzas dos corações dos antepassados, iria para o coração da selva, nascedouro das tribos. Ima Sumac e seu filho embrião seguiriam para Machu Picchu, a cidade escondida entre as nuvens onde os magos e as sacerdotisas do Sol celebravam os mistérios da vida e guardavam os segredos da alma Inca.

Os capitães mais fiéis e valentes de Tupac Amaru levariam o Punchao. Descendente dos guias mais antigos da região, o guerreiro Ollanta Paucar levaria a mulher consagrada e seu filho.

Após essas determinações, Tupac Amaru estava pronto para enfrentar o destino do último Inca.

Ima Sumac se emocionou ao ouvir a voz furiosa do rio do Sol ecoando no cânion. O trovejar do rio sagrado dos oráculos anunciava que estavam chegando perto dos grandes picchus.

Caminhavam há dias. Era preciso descansar antes de prosseguir, impossível cruzar o cânion do Urubamba à noite.

Exausta, esfarrapada e faminta, Ima Sumac se preparou para dormir mais uma vez ao relento, na cama de folhas que Ollanta Paucar se preocupava em tornar o mais confortável possível.

Apesar do cansaço, ela não conseguiu dormir. O fim de tudo era uma estranha sensação para os seus 16 anos. Agora que chegavam perto da cidade onde estavam refugiadas as últimas consagradas, aquelas que conseguiram sobreviver aos assaltos dos invasores, Ima Sumac rememorava o trágico destino dessas mulheres.

Os Acllahuasi, ou a Casa do Sol onde viviam as mulheres que renunciavam ao casamento para se consagrarem ao Sol e ao Filho do Sol, existiam em todo o Império. A implantação de uma Casa do Sol nas terras que conquistava era uma demonstração de poder do Inca.

A Casa do Sol era uma explosão de atividades. As mulheres teciam, tingiam, bordavam, pintavam, plantavam, colhiam, oravam, celebravam os ritos sagrados, conversavam com os astros, aconselhavam os governantes e muitas vezes decidiam os destinos do Império.

Embora pudesse amar e ser amado por qualquer uma de suas mulheres, o imperador só podia se casar com a própria irmã. Os filhos dessa união eram os herdeiros do Império, uma prática que mantinha as características de linhagem da família imperial, como a pele mais clara que a das famílias dos povos conquistados.

No auge do poder do Inca, o imperador Huayna Capac teve 700 mulheres e 200 filhos. Quando as notícias sobre o rei Blanco e as montanhas de ouro e prata que ele dominava excitaram os conquistadores europeus, a tragédia dos Inca já começava em casa.

Os filhos de Huayna Capac brigaram. Atahualpa mandou matar seu irmão Huascar, o sucessor do pai, e com ele foram mortas mais de mil mulheres consagradas ao Sol e ao Inca. Quando o imperador Atahualpa foi estrangulado pelos invasores, 300 das suas mulheres consagradas se atiraram nas escarpas *das montanhas para não pertencerem aos conquistadores. As mulheres escolhidas de Manco Inca, sucessor de Atahualpa, foram estupradas na sua frente quando ele esteve preso.*

Os padres europeus consideraram as consagradas como sacerdotisas do diabo e prostitutas do Inca. Em nome do deus cristão, arrombaram as portas da Casa do Sol em Cuzco, onde viviam mais de três mil mulheres, deixando entrar os soldados enquanto defumavam os aposentos com incenso. Antes, porém, que os conquistadores chegassem nos aposentos que sempre haviam sido proibidos aos homens, Manco Inca escapou da prisão e conseguiu resgatar mil mulheres da Casa do Sol de Cuzco, que se refugiaram com ele em Vilcabamba. Boa parte delas seguiria para o Machu Picchu.

O ouro e a prata que os espanhóis cobiçavam não eram o tesouro maior do Inca. Seu tesouro maior eram as mulheres consagradas e para elas foi destinada a melhor fortaleza do Império, a cidade oculta entre os altos picos nublados.

Na alvorada cinzenta, Ollanta Paucar e Ima Sumac começaram a subir as paredes escarpadas do cânion esculpido na cordilheira pelas águas do rio do Sol, as mesmas águas que deram início ao grande rio que atravessa a floresta e vai dar no mar. O caminho era cada vez mais selvagem. De repente, trovões abalaram o desfiladeiro. Relâmpagos riscaram o céu e a chuva desabou.

O guia conduziu a princesa para uma saliência na rocha. A chuva se prolongou e, percebendo a tristeza dela, ele quis dizer alguma coisa para distraí-la. Mas o quê? Tudo que acontecera nos últimos tempos lembrava desgraça e caos. Era preciso buscar assunto em outros tempos. De preferência, em outras terras, para não despertar a saudade dela.

Quando um trovão mais forte fez a princesa estremecer, o guia se lembrou da história que seu avô Tarisca Paucar contava sobre o deus trovão do povo que conheceu na viagem que fizera ao litoral do Atlântico.

Os Tupi-Guarani, relembrou Ollanta Paucar, acreditavam que os trovões eram provocados pelo arrastar do apyká de Tupã. O apyká era um banco em forma de canoa que o deus usava para navegar entre as nuvens. Quando ele queria conversar com Jassy, a Mãe Lua, arrastava o banco para chegar mais perto dela, fazendo um barulhão. Quando o rezador de uma aldeia distinguia na criança que nascia um filho ou filha de Tupã, ele logo pedia aos pais que fizessem um banquinho para ela sentar e conversar com a Mãe Lua. Se não fizessem isso, a alma da criança teria dificuldade em se acostumar na terra. Ela podia adoecer e voltar para o céu.

A noite desceu fria e úmida. Não havia folhas para fazer uma cama. Mas mesmo assim, Ima Sumac dormiu, sentindo-se protegida pela Mãe Lua que brilhava após a tempestade, transformando o desfiladeiro num cenário de sonho.

Ao acordarem, seguiram pelo curso do rio até que o cânion se reduziu a uma gigantesca fenda se abrindo para a floresta. Avançaram através do mato e chegaram a uma ponte de toras sobre as águas. Atravessaram, os olhos cravados na corrente forte.

A montanha ficou mais escarpada. E de repente, Ollanta Paucar cobriu Ima Sumac com o corpo, prensando-a contra a parede. Lentamente, ele passou a mão sobre seu peito esfarrapado e quase despido. Então, num gesto rápido, jogou o braço para trás, na direção do despenhadeiro.

Sem que a princesa percebesse, uma serpente deslizava pelos seus ombros. Características daquela região, as chamadas serpentes de ouro infestavam o caminho.

Eles prosseguiram. Os tentáculos dos cipós se enrolavam em Ima Sumac e travavam os seus passos. Com dificuldade conseguiu atingir o platô onde Ollanta Paucar esperava, estendendo-lhe a mão.

Chegaram entre as nuvens que planavam sobre o cânion. Lá embaixo serpenteava o rio do Sol, criando um vapor azulado na sua fúria. A centenas de metros emergia um enorme e solitário pico. Em volta, o vazio era imenso.

Ima Sumac se assustou. Onde estava a cidade sagrada? Tomando-a pela mão, Ollanta Paucar contornou o platô.

Por mais que tivesse ouvido falar e sonhado com Machu Picchu, Ima Sumac deu um grito de surpresa quando viu as cores vivas saltando do granito escuro da montanha, em uma centena de floridos jardins suspensos que se projetavam sobre o vazio. Acima dos jardins sustentados por muralhas de pedra, se estendia a cidade geometricamente esculpida entre o Machu Picchu e o Huayna Picchu, como um colossal colar adornando o colo da montanha.

Templos, praças e palácios construídos em pedra foram se revelando à medida que Ima Sumac avançava com seu guia. Os bairros não eram ligados por simples ruas, mas por escadas esculpidas na rocha ou encravadas nas encostas. Centenas de degraus desciam até o fundo do cânion.

Ao chegar na cidade sagrada, Ima Sumac recuperou a confiança e sentiu orgulho do seu povo. Que raça de gente era essa que conseguia transportar pelas vertentes escarpadas, a quase três mil metros de altura, blocos de pedra de até 100 toneladas? Que determinação feroz elevou a terra fértil do vale do rio do Sol para os jardins suspensos no imenso vazio?

Sexta-feira

Esse louco do Carlão

No segundo dia de caminhada não tem colher de chá nem latinha de cerveja. O céu amanhece escuro e pesado, desabando sobre os peregrinos durante todo o percurso. O caminho se torna barrento e o grupo taciturno. A falta de luz na paisagem verde transforma em monotonia os campos de soja.

Apesar da chuva que convida à introspecção, Maduri ainda não mergulhou mais fundo em suas águas interiores e continua a buscar os sinais exteriores da fé.

Diante das ruínas de São João Batista, e tomando ciência pela primeira vez "in locco" do pouco que restou da grande cultura missioneira, ela acha que se meteu mesmo é num programa de índio.

Acha também que não é a única a considerar o Caminho das Missões mais difícil do que imaginara. Quando chegam na mercearia que virou restaurante para recebê-los, o humor está um tanto desanimado e o silêncio fala mais alto.

Taiana senta na soleira da porta na companhia de um refrigerante e olha para a chuva desolada. Floriano e Leandro disputam uma partida de sinuca para relaxar. Só Hermano permanece tranqüilo, tomando com gosto o chimarrão enfeitado com pequenas flores que lhe foi oferecido pela sorridente filha do casal que prepara o almoço.

Maduri não conhece a região como os outros e dá uma volta para conhecer a paisagem. Observa os campos de soja e as pastagens sentindo saudade da Estância Santo Antônio e suas matas nativas, na cuesta de Botucatu. A proximidade do rio Ijuí lhe traz recordações da infância.

Quando volta para a mercearia de São João Batista que virou restaurante, a cuia já mudou de mão várias vezes. O vigor da erva ajuda a recuperar as forças e a fala. Depois de analisar os rumos da política estadual e decidir o futuro do país num banquete campesino, os andarilhos vestem as capas de novo para visitar o sítio arqueológico de São João Batista.

Hermano destaca uma particularidade dessa redução. Ela criou a primeira fundição de ferro da América Latina. O guia leva os companheiros dentro do espaço formado pelas ruínas. A cidade que Maduri viu desenhada na revista de viagens está ali a seus pés. Como é possível que tudo aquilo não exista mais?

Tenta encaixar a cidade que guardou na memória em cima dos restos de ruínas. Recria, com ajuda de Hermano, como seria o dia a dia no tempo das Missões.

O sol nascendo chamava para o culto na igreja. As formas monumentais do barroco ressaltavam o poder do cristianismo.

Depois do culto, os moradores se distribuíam entre a escola, as oficinas e as plantações.

As atividades diárias eram organizadas de forma a promover um diálogo constante entre Deus e os missioneiros. Nas escolas se aprendia o catecismo em guarani, espanhol e latim. Nas oficinas se produziam, além das roupas e utensílios do dia a dia, os instrumentos musicais tocados nas missas e celebrações, os paramentos da igreja e as estátuas dos santos que velavam por toda parte, inclusive no caminho que os nativos faziam para trabalhar nas plantações.

- Além dos cânticos, também as imagens eram um instrumento de sedução importante para a cristianização, comenta Floriano, que foi coroinha na infância e tem um xodó pelas estátuas que os índios faziam, copiando as imagens dos santos europeus com as múltiplas dobras de estranhas roupas que só conheciam pelas ilustrações dos livros.

- As imagens muitas vezes substituíram as palavras, principalmente no começo, quando a linguagem entre os europeus e os brasileiros nativos ainda não estava afinada, continua Floriano. Os padres iam de aldeia em aldeia levando a imagem da Virgem Conquistadora, Nossa Senhora da Conceição. Os nativos aqui do sul não tinham o hábito de adorar imagens como outros povos da América e ficavam fascinados com o poder mágico que os missionários atribuíam aos santos e santas. Nos primeiros contatos desse tempo da catequese nômade, eles carregavam estatuetas e pequenas pinturas. Já nas reduções, a Virgem Conquistadora se impunha em grandes estátuas colocadas nas igrejas e caminhos para as chácaras. Ao longo desses caminhos para as plantações os índios iam trabalhar cantando e carregando num andor a imagem de Santo Isidro, o protetor dos lavradores.

Maduri lembra da superposição de imagens que observou quando esteve visitando as ruínas incaicas no Peru e recorda as histórias que ouviu contar sobre ídolos quebrados e reduzidos a cacos, pinturas branqueadas com cal. Os Inca, assim como os Asteca e os Maia, possuíam as suas próprias imagens divinas. Para os europeus que tinham a fé católica como absoluta, esses ídolos nativos representavam o mal que precisava ser eliminado a qualquer custo.

Maduri comenta que a simbiose de culturas que foi a tônica das Missões não poderia acontecer mais ao norte. Simplesmente porque a imagem da mãe cristã era um símbolo de opressão para outras nações indígenas que cultuavam suas próprias imagens. Para as tribos do norte, a Virgem Conquistadora se impôs pelas armas e não através da sedução como aconteceu no sul.

Hermano se lembra das histórias que leu sobre o Taqui Ongoy, um movimento de resistência que surgiu ao final do Império Inca. Apesar da perseguição dos padres católicos, os nativos teimavam em celebrar seus cultos ao sol e à lua. A repulsa e a ira que os padres demonstravam contra esses cultos "pagãos" provocaram sentimentos correspondentes da parte dos nativos. Eles achavam que os ídolos destruídos pelos espanhóis ressuscitariam, emergindo do lago Titicaca para expulsar os invasores.

- No México e no Peru, focos centrais da monarquia espanhola por serem povos ricos que já extraíam e beneficiavam metais, os invasores efetuaram um controle maior das atividades na tentativa de sufocar qualquer movimento de resistência, comenta Floriano. Já na Província do Paraguai, uma região pobre e marginal, os primeiros contatos foram cordiais e deram início a uma ampla mestiçagem, que facilitou o entrelaçamento cultural.

Ao entrar nos densos bosques e passear pelas alamedas onde andavam os missioneiros, os peregrinos imaginam como teria sido a caminhada que eles fizeram séculos atrás quando vieram fundar São João Batista.

A primeira caminhada rumo ao sol nascente da nova povoação foi feita por um grupo de líderes de São Miguel. Eles trataram de ir na frente fazer o reconhecimento do terreno.

Caminharam um dia inteiro e ao anoitecer encontraram o vale rodeado de colinas e bosques onde Maduri descansa séculos depois com os novos peregrinos.

Os companheiros foram chamados para erguer a nova cidade enquanto as mulheres e as crianças esperavam em São Miguel. Muita ajuda chegou dos povos irmãos. Os celeiros estavam fartos e também não faltavam tecidos para proteger do frio e oficinas para produzir arte e artesanato.

Quase um ano depois, a nova redução de São João Batista já possuía igreja, residências, oficinas e boa colheita. Foi quando as índias de São Miguel que tinham seus companheiros em São João se puseram a caminhar ao encontro deles. Caminharam um dia inteiro e uma parte da noite com os filhos nas costas e os utensílios caseiros nas mãos, em direção às suas novas casas.

Após evocar a saga missioneira, os andarilhos pulsam em sintonia com a terra e sua história. Cheios de brios com as lembranças de caminhadas históricas, eles estão prontos para seguir em sua jornada através de raios e trovões, coxilhas e campos de soja.

São apenas 14 quilômetros até o próximo pouso em Carajazinho, anima Hermano. Pra quem fez 16 quilômetros de manhã vai ser mole.

Ao longo do caminho os tênis vão se tornando *fashion*. Ganham plataformas de barro do tamanho dessas que se vê nas vitrines das lojas. O passo fica pesado e lento mas a promessa de banho quente e lareira faz apertar o compasso.

De vez em quando os peregrinos param para tirar o barro das botas. Maduri se distrai com as recordações da infância.

A mata nativa da Estância Santo Antônio foi preservada pela teimosia de seu pai. Ele sempre resistira às insinuações de tio Caio sobre o preço da carne e a facilidade de formar pastos e criar bois. É só derrubar tudo, deixar o capim crescer e o gado pastar, não precisa tanta trabalheira com os pomares e as roças no meio do mato que esse louco do Carlão teima em fazer, dizia tio Caio.

Esse louco do Carlão argumentava que trabalheira coisa nenhuma, o segredo é não fazer. Tudo já está sendo feito pela natureza, a gente tem é que ficar observando e compreender os relacionamentos entre as plantas. Elas se ajudam entre si, não são rivais como as pessoas pensam, a competição está na cabeça dessa praga chamada homem. Quando a gente percebe a amizade que existe entre as plantas, pode entrar na vida delas e fazer parte desse convívio.

Ao contrário dos outros fazendeiros que insistiam em limpar o mato e deixar quase nu o chão onde iam plantar, Carlão não gostava de arrancar nada do solo. Ele dizia que tudo tem sua função na mata e a nossa é manter a terra úmida e fértil, sempre coberta por material orgânico.

- É que nem seguir a correnteza de um rio, Maduri lembra o pai falando. - Quando a gente descobre o funcionamento de um ecossistema e o que nós podemos fazer para ajudá-lo a se desenvolver melhor, o Tao da vida agradece e faz a sua parte. As plantas crescem e transbordam suas riquezas, beneficiando todos os que estão em volta.

De fato, frutos de todos os tipos eram beneficiados na cozinha da Estância Santo Antônio. Ainda pequena, Maduri ajudava a mãe a embalar as compotas e conservas, colocando paninhos rendados e fitinhas de cetim nos vidros que o pai distribuía na cidade. Com o tempo e o aumento da procura, foi preciso construir uma cozinha anexa e contratar duas funcionárias para ajudar até porque, a essa altura, já havia ficado claro que aquela artesania toda que começara como um capricho do louco do Carlão estava se transformando numa atividade rentável.

Quando vô Ângelo morreu a fazenda já tinha a sua lida diária bem delineada e ninguém discutiu para fazer a partilha. Os cavalos valiosos ficaram com o tio Caio, que nunca se interessou pelo mato que o irmão teimava em transformar numa floresta produtiva. Ele achava estranho quando via aquele homem grande e forte metido na cozinha com as mulheres, mexendo nos grandes tachos de cobre com as toscas colheres de pau que ele mesmo talhava. Tio Caio demorou a entender que eram justamente os braços vigorosos comandando as colheres e a voz sonora divertindo as mulheres que ajudavam a apurar o ponto das compotas, *chutneys* e geléias, fazendo as ajudantes suspirarem satisfeitas e felizes no fim de um dia inteiro de labuta incessante.

Essa sinergia toda só era possível porque, além de ser um apaixonado pela natureza, Carlão era também um eterno enamorado de todas as mulheres do mundo, não cansando nunca de conhecer os segredos femininos e desvendar os mistérios da criação.

Quando ia buscar Maduri na escola, em Botucatu, o pai gostava de passear com ela pelas ruas observando os quintais. Dizia repare que a maioria deles são cuidados pelas mulheres que têm mais intuição para entrar em sintonia com a natureza e criar a vida. Elas sabem que dando é que se recebe. Entregue um pedaço pequeno de terra a uma mulher e ela transforma esse pouco num sistema vivo e produtivo, capaz de abastecer sua casa. Entregue o mesmo pedaço de terra a um homem que ele acha pouco e fica querendo mais. Acaba usando técnicas agressivas para conquistar a terra que depois abandona nua, cansada e improdutiva.

Não por acaso as mulheres é que tratavam de plantar, colher e manufaturar nas culturas indígenas, deixando as tarefas mais agressivas como caçar, pescar e guerrear para os homens, lembra Maduri, retornando de sua viagem pelo passado e perguntando aos companheiros como seriam estas coxilhas nos tempos em que os nativos viviam livres pelas matas e corriam soltos pelos campos.

- Na sociedade indígena tradicional quase não existia diferença entre o tempo de lazer e o de trabalho, diz Hermano. A busca de sustento era interrompida no momento em que se tinha as provisões mínimas e no dia a dia se fazia a manutenção da vida.

- Então tá. Além de comer churrasco e tomar chimarrão como qualquer gaúcho, que mais os índios faziam pra se divertir? Com o tempo livre que tinham, dava pra inventar muitas formas de ser feliz, indaga Taiana.

- Na verdade, não precisava inventar muito, estava tudo ali, responde Hermano. Eram muitos banhos de rio durante o dia, quando tudo podia acontecer, e grandes festas à noite onde todos cantavam, dançavam e namoravam à vontade.

- O sexo era livre?

- Sim. Um homem podia ter quantas mulheres desse conta de cuidar e se para elas não era permitido o mesmo desafio, ao menos eram liberadas pra fazer sexo sem compromisso com quem quisessem na falta dos maridos. Entre eles, o sexo não tinha o mesmo significado que tem pra nós. O sentido social da transa era outro. Antes dos colonizadores chegarem, o sexo era um instrumento de poder e a poligamia uma instituição social. Um chefe de família era tanto mais poderoso quanto mais mulheres ele tivesse. Elas não eram um fardo, pelo contrário. As mulheres e seus filhos cuidavam da agricultura e produziam riquezas para a tribo. Com o trabalho de sua família, um chefe podia se dar ao luxo de ser generoso e compartilhar os frutos com a tribo, uma qualidade essencial pra conquistar os cargos de liderança. Quando os jesuítas chegaram impondo a monogamia e o casamento único até que a morte os separe, estremeceram os alicerces da própria organização social dos indígenas.

Hermano pára de falar e aponta o horizonte. As casas esparsas de um povoado vão surgindo na curva da estrada.

- Logo agora que a conversa está ficando boa, lamenta Taiana.

- Podemos continuar falando de sexo à noite, convida Leandro.

Chegam encharcados e estropiados na antiga estrebaria que se transformou em albergue. De banho tomado e roupas limpas, vão para a lareira compartilhar suas dores e temores.

Taiana tem bolhas nos pés. Leandro sente pontadas nas costas. Floriano conseguiu assar a virilha na cueca de *lycra*. Maduri, acostumada a despachar a mochila nos aeroportos internacionais e pegá-la de volta num carrinho, nem sabe direito o que sente. Sabe apenas que nunca foi tão difícil mexer o pescoço.

Será que conseguirão completar a jornada?

Confortados pelo churrasco e as porções de mandioca que o hospedeiro se encarrega de servir, sentem-se integrantes de uma pequena e valorosa família. Solidarizam-se com as dificuldades risíveis de cada um e se alegram com as pequenas vitórias de todos.

Luas de São Jorge

De Juan@ ligbr. com. br

Para Andiara@ douradosnet. com.br

"Jurei por Deus que ia te deixar em paz mas Ele não quer aceitar o presente de volta. Como tu bem sabes, o amor é um presente divino e a gente não escolhe a maneira como se manifesta. Não adianta espernear, reclamar ou tentar trocar por outro porque os divinos têm desígnios que a nossa pouca razão desconhece. Só nos cabe aceitar e agradecer seus presentes.

Mesmo que não estejamos juntos, tenho contigo um encontro de alma e como também sabes, as almas são imortais e transcendem a efêmera expressão dos egos. Portanto, mesmo que continues muda por toda esta vida, eu continuo a dizer.

Através desta venho expressar o meu desejo de que a paz esteja contigo."

Andiara fecha os olhos em frente à tela do computador e respira fundo, tentando acalmar as batidas descompassadas dentro do peito.

Na sua emoção desencontrada, não sabe mais qual é a voz da razão e do coração, ambas se confundem numa só aflição. Na impossibilidade de saber onde está o certo e o errado, escolheu o silêncio que pode ser sim e não ao mesmo tempo.

Amou Juan em silêncio a maior parte da sua vida. Continuará amando em silêncio até o fim da vida? Por maior que seja o desejo de ser sua companheira, não pode abandonar o marido doente e os filhos pequenos que dependem dela. Não seria perdoada por eles nem pela missão evangélica que foi sua salvação quando não tinha mais ânimo pra viver. Nem ela mesma se perdoaria por permitir que a culpa do seu pecado recaísse sobre Juan Guarani, o líder mais autêntico do seu povo. Ele precisa estar livre para cumprir o seu destino .

Andiara acha que os velhos líderes já não conseguem mais entender o que se passa com sua gente e nem orientar para uma nova perspectiva de viver. Juan é um líder que consegue compreender a cultura moderna sem perder o amor pela cultura nativa. Ele consegue fazer a necessária ponte entre os dois mundos e não pode se envolver no momento com o mundinho particular de Andiara e seus problemas domésticos, especialmente o marido que perdeu a saúde trabalhando nas usinas e se tornou amargo e rancoroso. Prometeu matar Juan Guarani se ele ousar por as mãos em sua mulher.

Andiara ficava assustada quando recebia alguma correspondência ou recado de Juan através de outras pessoas. Aprendeu a não confiar em ninguém. A não ser em Juan, é claro. Desde quando ainda menino ele lhe mostrou que o amor existe e é lindo.

Foi Juan quem registrou um endereço eletrônico para ela receber suas mensagens. Sempre que vai para a cidade, Andiara passa no cybercafé. Paga seu tempo de navegação com as ervas que planta, colhe e seca no quintal de sua casa.

Ela está em Dourados para vender a mandioca e o milho das mulheres da aldeia na feira. Os índios não conseguem trabalho na cidade por causa do preconceito que existe contra eles e as mulheres cansaram de esperar pelo pouco dinheiro que os maridos trazem das usinas e fazendas. Junto aos patrões existem lojas que vendem mantimentos e roupas a preços bem mais caros que na cidade. Com todos os descontos e mais a comissão que pagam do salário para os intermediários que os contratam pouco levam pra casa, quando não voltam doentes como o marido de Andiara. A queima da cana seca produz um pó que provoca tosse, dor, febre, canseira e insuficiência respiratória. Como os índios não trabalham com carteira assinada, não têm como reivindicar indenização – e restam inválidos, dependendo das mulheres já sobrecarregadas, muitas vezes agravando a doença e o mal estar em casa com bebedeiras.

Depois de passarem por muitas dificuldades, as mulheres da aldeia se juntaram numa associação e tentam se organizar em mutirões para plantar, colher e vender alimentos na cidade. Não é fácil. Para plantar e colher, precisam de água. E os fazendeiros vizinhos exauriram as terras com seus poços artesianos, secando as águas da reserva.

Além de vender na feira, Andiara também veio ver em Dourados o andamento de um projeto que a Associação de Mulheres de Oikové apresentou na prefeitura, para captar água da única nascente limpa que sobrou na reserva, dentro das terras que eram de Solano Morales e que depois de sua morte ficaram para alguns parentes da mulher dele e do capitão da aldeia. Um pedaço da mata original foi preservado.

Andiara conhece bem essa nascente e a mata que a cerca. Foi ali que conheceu Juanito.

Ela tinha apenas 11 anos e sua vida já era um susto. Morava num barraco com o avô e nunca sabia que novidade ele ia trazer das bebedeiras. Sabia apenas que se não tivesse comida em casa, a surra era certa. Já acontecera dela sair de casa na madrugada escura para catar mandioca na pequena roça que o avô cuidava quando estava sóbrio. Cozinhava com a borracha queimada de pneus velhos, porque não tinham lenha em casa nem dinheiro para comprar gás. Também não tinham água encanada por perto e costumava equilibrar na cabeça a lata de água colhida no córrego. Às vezes acontecia de ir buscar água de noite, as pernas encurtando os passos para não tropeçar e cair no escuro, enquanto o coração se encompridava de angústia com os berros do avô chamando por ela dentro da casa.

Numa dessas vezes em que faltava comida em casa e a pequena roça castigada pela seca não tinha o que prestasse, Andiara resolveu ir um pouco mais longe, entrando no terreno de Solano Morales. Era a maior mata que conhecia.

Naquele momento Andiara sabia apenas que uns tinham mais que os outros e ela não podia se contentar com o pouco que nem tinha mais. Os lotes do Paraguaio eram fartos. Ele chegara ninguém sabe exatamente de onde e se casara com uma nativa. De vez em quando ia para a fronteira com o Paraguai fazer ninguém sabia exatamente o quê. Só se sabia que trazia mais dinheiro dessas idas e vindas do que os outros que saíam para trabalhar nas usinas e fazendas de Dourados. E assim, nunca precisou alugar, arrendar ou vender o lote em que vivia sua família. Pelo contrário. Estava sempre fazendo negócios e aumentando a propriedade.

Andiara entrou no terreno da família Morales e pegou milho e abóbora, colheu manga e jabuticaba, guardando tudo numa trouxa de pano velho e já ia voltando para casa quando viu o filho do Paraguaio sentado embaixo de um pé de baru olhando para ela.

Apesar do frio que se anunciava com o findar da tarde, Andiara sentiu um sol escaldante invadir o seu corpo e brilhar no seu rosto. Meio envergonhada, quis virar o rosto e fugir, quando a sedução amoleceu suas pernas. Ele sorria e caminhava para ela.

- Você sabia que teve um tempo que tudo o que alguém plantava era de todos?

- Foi bem antigamente, né.

- Nem tanto. Um dia vai ser assim de novo, você vai ver.

Andiara nunca havia pensado nisso. De onde ele tirara essa idéia?

-Você gosta de poesia?

- ?

- Senta aqui.

Andiara sentou com ele embaixo de uma árvore e Juanito se concentrou no livro que trazia na mão.

Recitou um poema de Cecília Meireles e outro de Mário Quintana.

- Agora é sua vez. Escolhe um.

Andiara não esperava por essa. Sua mãe falava com ela em guarani quando era viva, seu avô falava com ela em guarani e as crianças com quem brincava de vez em quando também. Tinha dificuldade de aprender a escrever e ler em português na escola. E quando finalmente conseguira, depois de repetir o primeiro ano e passar raspando no segundo, o avô a tirara da escola, mesmo contra sua vontade. Era um alívio ficar longe de casa. Mas pra que continuar indo, dizia o avô, se já sabia ler?

Escolheu o menor de todos os poemas da coletânea, um do Vinícius de Moraes. Leu pausadamente, quase soletrando as palavras. Colocou toda a sua energia nisso. Não queria fazer feio diante do menino que era bonito e lia bem. Ele tinha 14 anos e ao contrário dos outros da sua idade, andava sempre de roupas limpas porque em vez de jogar bola ou andar por aí, preferia estudar e ler.

Quando terminou seu poema, Andiara permaneceu como que assombrada olhando as letras que dançavam na sua frente.

- De qual você gostou mais? perguntou Juanito.

Ela gostou muito da menina pequenina querendo ser bailarina que colocou no cabelo uma estrela e um véu e disse que caiu do céu e também da ruazinha que dormia no escuro um sono sossegado e puro. E gostou mais ainda de ler essa história engraçada de uma casa que não tinha teto não tinha nada e ninguém podia entrar nela não porque na casa não tinha chão.

O menino riu satisfeito.

- Você gosta de poesia. Eu tenho outro livro para ler, leva esse pra casa e me traz no sábado. A gente se encontra aqui mesmo, no final da tarde.

Quando se encontraram novamente, ele mostrou para Andiara um pé carregado de pitangas. Depois que se fartaram, ajudou sua nova amiga a pegar mandioca, enquanto contava entusiasmado a história que estava lendo no outro livro que tirara da Biblioteca Pública de Dourados. Fazia parte de uma coleção encadernada em couro verde sobre os grandes pensadores da humanidade. No momento ele lia Pascal. Disse que o livro que mais o impressionara na coleção era de Gautama, o Buda. Ele falava de um lugar mágico que existe dentro da gente chamado nirvana.

Às vezes Andiara ia para a mata mesmo com algum alimento ainda por preparar na gamela, e mesmo quando ainda não era mais tempo de frutas nativas, só para ver Juanito. Nem sempre o encontrava, mas quando isso acontecia, era um tempo de presentes. Entre espigas de milho e ramas de mandioca, ele oferecia para Andiara porções de histórias e pedaços de poemas. A pedido dela, começou a emprestar alguns livros da biblioteca para a amiga ler em casa. Nada tão metafísico como as coisas que gostava de ler, mas sempre um bom autor nacional, para que ela aperfeiçoasse o português. Ele dizia que Andiara precisava entender o mundo dos brancos pra poder viver melhor, porque o mundo dos índios estava acabando. Nunca mais voltaria o tempo da caça e da pesca, mas poderiam manter muita coisa boa se soubessem enfrentar os brancos e se impor diante deles. As grandes armas para vencer essa batalha, segundo Juanito, eram o estudo e o conhecimento.

Andiara não fazia tanta questão assim de entender o mundo quanto ele. Ela preferia sentir. Os livros que mais gostava de ler eram os de poesia.

Juanito às vezes a convidava para ir no topo de um morro que se abria para o vale e ali, debaixo do céu e diante do sol se pondo, calavam todas as histórias e ouviam a poesia da natureza, apenas o som da flauta de bambu que ele tocava vibrando no silêncio da sua meditação.

Ninguém jamais fizera tanto por ela antes. Ninguém jamais faria tanto por ela depois.

Quando a tragédia aconteceu e Juanito foi embora, a terra se abriu debaixo dos pés de Andiara. Ela mergulhou num poço escuro e profundo. Mas não se entregou à bebida e à prostituição como fizeram sua mãe e a irmã dela. Andiara jamais se esquecerá da tia que matou o próprio filho. Tia Leila chegou em casa bêbada, deitou e dormiu sem perceber que seu bebê chorava debaixo dela na cama. Quando acordou, ele não respirava mais. Apavorada, levou o filho sobrevivente, uma criança de quatro anos, para Andiara cuidar. E assim, aos 13 anos, ela se viu às voltas com um avô bêbado e uma criança faminta. Quase não tinha tempo para pensar seriamente em acabar com a vida, como outros adolescentes da aldeia fizeram, embora o sentimento da morte oprimisse muitas vezes o seu coração.

Nos momentos de maior aflição, percebia uma luz brilhando no fundo do poço escuro. O amor de Juanito se tornou a sua estrela guia. O seu norte, seu talismã da sorte, o seu São Jorge contra os dragões do medo e da solidão.

Não podia trair o que viveram juntos fazendo coisas que sabia que ele não gostaria. E se um dia ele voltasse?

Aos poucos, a imagem viva do grande herói da sua vida e a esperança de que voltasse um dia foram cedendo lugar ao mito. Como as luas de São Jorge e as estrelas do céu, Juanito se tornara intocável e inacessível. Só lhe restava mirar, se orientar e se inspirar. E escrever. Na solidão das noites estreladas, Andiara transborda no papel seus desejos e fantasias. Sabe que aos poetas tudo é permitido.

Entre as histórias que Juan lhe contou ao voltar sobre os povos nativos da América, Andiara gosta de *sonhar com as mulheres consagradas do Machu Picchu.*

Uma formosa e sensual nativa do Antinsuyo, a região a leste do Império de Tahuantinsuyo que avançava para a selva amazônica, não se cansava de provocar os homens, fazendo-os perderem a cabeça por ela e deixarem suas mulheres de lado.

Revoltadas, as mulheres da aldeia onde vivia a jovem feiticeira foram até ela e lhe pediram que deixasse seus homens em paz. A bela riu e fez pouco delas.

As mulheres então se juntaram, mataram a rival e distribuiram seus pedaços pelas matas, para que seu corpo formoso não mais enlouquecesse os homens.

Nos lugares onde esses pedaços foram enterrados, nasceram arbustos e brotaram folhas que, conforme se descobriu, tinham poderes mágicos.

Chamada de Mama Coca, a planta mágica se tornou companheira do Inca. Suas folhas eram usadas no culto solar, como incenso e como estimulante. O Filho do Sol oferecia porções de Mama Coca aos nobres e aliados, embaladas em finas bolsas confeccionadas com pele de lhama ou tecidas com fio de ouro pelas mulheres consagradas.

Como a bolsa que Ima Sumac fez para seu filho Yupanqui. Colhendo amorosamente as folhas de Mama Coca dos jardins suspensos do Machu Picchu para colocar na bolsa, ela relembrava a história da erva que era um alento final para os derradeiros moradores da montanha sagrada.

Não se usava dinheiro no Império Inca e nem se admitia a propriedade privada dos meios de produção. A terra era trabalhada coletivamente, e a produção distribuída entre a nobreza, o clero e o povo. Cuidava-se para que nada faltasse a ninguém. Quando a colheita de alimentos era fraca, os cocales imperiais abasteciam a população com a Mama Coca, que tinha o poder de saciar a fome e trazer força e resistência ao corpo. Com o tempo, seu uso se disseminou pelo Tahuantinsuyo, e Mama Coca se tornou companheira dos homens nos vales e nas montanhas, na guerra e na paz.

Até que os invasores chegaram. Os padres de roupas-pretas que chamavam as virgens do Sol de sacerdotisas do diabo, também consideraram as folhas de coca usadas nos cultos solares como erva do diabo e proibiram o seu uso. Pouco antes da captura de Tupac Amaru, os soldados receberam ordens para destruir os cocales imperiais.

A morte de Tupac Amaru foi a última notícia que chegou do mundo exterior ao Machu Picchu. Os sacerdotes e as consagradas souberam então que milhares de nativos choraram à passagem do Inca, caminhando pela última vez nas ruas da capital do Império rumo à praça onde seria decapitado. Quando finalmente chegou no local da execução, a multidão gritava desesperadamente.

O Filho do Sol levantou a mão para dizer suas últimas palavras e um silêncio profundo calou a praça.

Ele contou que morria por causa de uma mulher. Quando criança, desobedecera à sua mãe e ela lhe predissera que morreria decapitado. Em seu último momento, o Filho do Sol não reconheceu o poder dos espanhóis sobre o seu destino. Preferiu delegar o poder sobre a sua morte à mulher que lhe dera a vida.

Após dizer adeus ao Pai Sol, a cabeça de Tupac Amaru rolou na praça central de Cuzco e foi recolhida pelos seus súditos como um precioso tesouro. Ao ser içada na ponta de uma lança, ela se tornou objeto de adoração de uma multidão que chegava de todas as partes do Império, gemendo, chorando e gritando diante do semblante violáceo do Filho do Sol.

Enlouquecidos com o barulho, os espanhóis mandaram inumar a cabeça e o corpo de Tupac Amaru, depositando o cadáver na catedral e mandando rezar missas para o repouso de sua alma.

Os gritos de dor e revolta cessaram afinal. E no silêncio que se seguiu, nasceu o mito do Incari, que se espalharia em toda a cordilheira: um dia , a cabeça do Inca despertará e resgatará seu corpo nutrido pela terra que o acolheu, a fim de expulsar o invasor.

Para os sobreviventes do Machu Picchu, as notícias da decapitação de Tupac Amaru e da perseguição aos seus familiares e servidores mais próximos, representaram a morte das últimas esperanças e o início de um outro mito. Durante séculos, os europeus se perguntarão para onde foram as formosas mulheres consagradas que sobreviveram à violência da conquista. Não o saberão jamais.

Elas se prepararam para morrer em silêncio e interditaram os acessos à montanha. Obstruíram as trilhas, cortaram as pontes suspensas de cipó .

Junto aos nativos da região, se impôs o silêncio de um segredo que atravessou os séculos. Se traíssem o segredo da cidade sagrada, as almas dos Apus – as múmias dos antepassados que velam entre os altos picchus – se vingariam.

A perspectiva de que seu filho seria o último sobrevivente na solidão selvagem dos picos nublados,

sem jamais ter visto outro horizonte, deixou Ima Sumac deprimida.

As oficinas de Machu Picchu, que conheceram tanta atividade em outros tempos, não tinham mais função. Para quem fiar, tecer, pintar , tingir e bordar, se não existiam mais nobres e guerreiros para vestir as belas roupas e usar os ricos adornos?

Os jardins suspensos, aos poucos, foram perdendo o frescor e a exuberância das cores. Já não era mais possível cuidar de quilômetros e mais quilômetros de jardins e os sobreviventes delimitaram uma área pequena para seu uso e subsistência.

Por não ter para onde voltar, e porque seus braços fortes haviam se tornado valiosos entre tantas sacerdotisas e tão poucos sacerdotes, Ollanta Paucar foi ficando por ali. De sua casa e sua família em Vilcabamba não restava mais nada. De seu só tinha agora Ima Sumac e o filho. Era o tesouro que o último Inca lhe confiara e que ele jurou proteger com a própria vida.

Como fizera durante a fuga que empreenderam juntos, o guia procurava distrair a princesa dos pensamentos sombrios, contando-lhe suas aventuras nas estradas do Tahuantinsuyo. Ele percorreu a parte incaica do Caminho do Peabiru e conheceu uma tribo da mesma nação com a qual seu pai, o guerreiro Taurisca Paucar, convivera no litoral.

Ollanta Paucar esteve com seu pai nas selvas entre os dois grandes rios, o Paraguai e o Paraná. Souberam que os invasores brancos também andavam por lá. Mas havia alguma coisa diferente com esse povo que gostava de sentar no banquinho em forma de canoa e conversar com a Mãe Lua.

Eles não tinham mais o hábito da guerra como os filhos do Sol, que viviam conquistando outras terras e outros povos. Os filhos da Lua já haviam feito suas guerras em outros tempos e agora viviam em paz com os vizinhos. Quando os primeiros estrangeiros chegaram, foram recebidos cordialmente.

Ollanta Paucar contou também para Ima Sumac que quando os filhos da Lua morrem, suas almas se transformam em beija-flores. Elas voam de flor em flor se alimentando e se fortalecendo com o néctar para suportar a longa viagem até a terra sem mal. Quando uma criança órfã morre, a alminha dela *fica guardada numa flor, esperando a alma de sua mãe vir buscá-la para juntas voarem à morada dos antepassados.*

As histórias que Ollanta Paucar contava deixaram Ima Sumac pensativa. Próximo ao palácio das mulheres consagradas, subindo o Huayna Picchu, ficavam cavernas que foram habitações dos antigos em tempos remotos. Uma delas, em especial, costumava ser usada pelas sacerdotisas quando buscavam a orientação da Mãe Lua. Nas noites claras de cheia, as visões que a caverna projetada nas alturas oferecia eram fantásticas.

Numa dessas noites, Ima Sumac subiu ao Templo da Lua. Na entrada, uma grande bacia de prata apoiada num altar de pedra estava cheia de água da chuva. Era o oráculo através do qual as sacerdotisas se comunicavam com a Mãe.

Ima Sumac sentou-se no trono de pedra na entrada da caverna e com a bacia de prata no colo, mirou o reflexo da lua na cordilheira prateada. Então perguntou o que fazer, agora que a grande noite da terra apagara o brilho do sol. Concentrando toda a sua energia no espaço além do olhar, a princesa pediu à Mãe que lhe desse a visão.

Durante um bom tempo ficou olhando os reflexos da noite enluarada na água. Aos poucos, as imagens prateadas começaram a fazer sentido.

Viu matas densas e campos largos, cortados por rios piscosos navegados por guerreiros com a pele pintada em cores vivas. À beira dos rios, uma gente morena ria, brincava e namorava.

Ima Sumac acostumou-se a visitar o templo enluarado. Quando seu filho estava ágil o bastante para acompanhá-la na subida escarpada, o consagrou à Mãe Lua.

Outras realidades

Os estudantes acordam com a luz entrando pelas janelas sem cortinas. Os raios do sol iluminam as carinhas sorridentes das crianças índias que se amontoam nas janelas para olhar os visitantes. Já não há mais lugar para tantas delas, que se revezam na primeira fila da platéia entre risos abafados.

- *Big Brother*! grita Diana. Viemos parar num *reality show*!

Os estudantes acordam de uma vez e começam a fazer caras e bocas para os indiozinhos. Os risos abafados se transformam em gargalhadas.

Marcos entra no quarto apressando seus alunos. O pessoal da Universidade Federal de Mato Grosso do Sul já está no galpão e não pára de chegar gente de todos os cantos da aldeia a fim de ver e ouvir os visitantes. Não é comum receberem tantos hóspedes na reserva como está acontecendo agora. É preciso instalar os equipamentos para fazer funcionar a rádio, armar a lona do circo e as arquibancadas, reunir os grupos que vão participar das oficinas.

Enquanto se veste rapidamente para tomar o café da manhã, Cauê lembra da única recomendação que Guadalupe lhe fez antes que saísse de casa:

- Procura Juanito.

Quando Cauê chega no galpão onde são servidas as refeições, a festa já começou. Os palhaços cantam e dançam com as crianças ali mesmo, os equilibristas ensinam a andar de perna de pau. Outros integrantes do circo montam a lona em frente à escola.

Cauê se junta com a equipe da rádio para saber o que vai rolar. Depois do café Marcos convoca uma reunião. Ele e o professor Timbó, que chegou de Campo Grande, conversaram com os líderes da aldeia e têm algumas orientações.

Todos devem ficar ligados em assuntos e notícias que possam servir de material para a programação da rádio que estará entrando no ar no dia seguinte pela manhã. As oficinas de comunicação e criatividade devem agregar os conhecimentos novos que vão transmitir ao dia a dia da aldeia, respeitando a cultura local. A equipe que vai criar radionovelas com Cauê recebe a tarefa de dramatizar problemas atuais para facilitar o diálogo sobre os assuntos difíceis.

Recém-chegado com notícias frescas sobre a ocupação na fazenda Santa Fé e adornado ritualisticamente com cocar de penas e pinturas no rosto para receber os visitantes, o cacique Setestrelo é o primeiro a gravar uma entrevista. Ele conta que os acampados na Santa Fé estão decididos a permanecerem lá, apesar da hostilidade dos empregados da fazenda, e se preparam para construir uma casa de reza.

Ao começarem o trabalho nas oficinas de comunicação e criatividade, os estudantes captam outras realidades.

Os mais jovens sentem-se confusos com a sua dupla identidade. Recebem um batismo guarani, são registrados no cartório civil com outro nome e vivem imprensados entre as duas culturas. Estão cansados de aparecer como notícia ruim na mídia e de serem discriminados pelos brancos.

- Só se lembram de nós pra nos fazer passar vergonha e tristeza, diz Laura. As coisas bonitas que a gente tem e faz ninguém se lembra de dizer.

Neusa relata que o governo prometeu construir uma grande oca na entrada da reserva para que os moradores possam vender seu artesanato a quem passa na estrada e aos que chegam pra visitar a aldeia. Acontece que já não existem mais as matas e os animais de onde tiravam os elementos de inspiração e a matéria prima do artesanato, que anda fraco. As melhores áreas que eles ainda possuem na reserva estão sendo cobiçadas pelos fazendeiros vizinhos, que não se constrangem em invadi-las para colocar seu gado e seus capangas, ameaçando os nativos quando eles tentam resistir. Não raro ocorrem torturas e assassinatos que permanecem impunes.

Para Mauro, a pressão contra eles tem a ver com a ganância dos donos do poder de ganhar dinheiro à custa da miséria dos outros, mas também tem a ver com o medo. Ele acha que o movimento pela retomada das terras indígenas tem assustado muita gente. Mauro já ouviu dizer em Dourados que os Guarani estão querendo criar uma reserva indígena internacional na fronteira, instalando estrategicamente um estado independente entre Campo Grande e Assunção. Na aldeia, ele nunca ouviu falar sobre isso e quando consultou as lideranças, lhe disseram que os Guarani nunca articularam algo assim e mesmo que o quisessem fazer, não teriam poder para tanto. Mauro sabe, no entanto, que o governo continua instalando bases militares na fronteira, uma prática secular que foi intensificada nos anos 80. Esses assentamentos vêm provocando a desestruturação de várias tribos fronteiriças, pela aculturação forçada no contato com as bases e povoados que se formam ao redor delas, além de retardar os processos de reconhecimento e homologação das terras indígenas.

- Não quero discutir a necessidade ou não da presença militar nas fronteiras, conclui Mauro, mas é frustrante ver que as autoridades insistem em criar povoados de brancos nessas áreas, junto às aldeias, como se não reconhecessem os povos indígenas como defensores da soberania nacional, e sim como ameaça aos interesses do País.

Mauro é um dos poucos adultos inscritos para a oficina de radionovelas. A maior parte dos inscritos são adolescentes e crianças. Após algumas informações preliminares, Cauê pede que escolham um tema e dramatizem uma situação. Um pequeno grupo se destaca e começa a reviver cenas de doença e morte.

Uma tábua é improvisada como ambulância. Dois meninos se fazem de enfermeiro e motorista, conduzindo uma menina com seu filho doente para o hospital. Lá chegando, a menina não quer descer e nem entregar o filho para o enfermeiro, que se exaspera e briga com ela. Cauê não entende e quer saber o que está acontecendo. As crianças lhe explicam então que a mãe não quer entregar o filho porque acha que vai perdê-lo. Já aconteceu algumas vezes de os pais de crianças índias não conseguirem encontrá-las nos hospitais e, quando conseguiram afinal localizá-las, já nada se podia fazer por elas.

Os primeiros contatos durante todo o dia com a dramática realidade de um povo que é seu também mexem bastante com Cauê. Na hora do jantar, ele está silencioso e não se mistura com a folia que os artistas do circo fazem com as crianças e adolescentes.

Ensimesmado num canto do galpão, percebe que uma mulher olha para ele com insistência. Não tem jeito de paquera. Ela está séria, com um certo ar de surpresa e parece ter a idade de sua mãe ou quase isso.

Cauê pergunta para um adolescente quem é a mulher. Trata-se da presidente da Associação das Mulheres de Oikové e seu nome é Andiara. Talvez ela saiba que ele vai fazer radionovelas e queira participar? Acho que não, ela acabou de chegar de Dourados com o carro que veio buscar as cozinheiras, ainda nem deu tempo de saber o que vocês estão fazendo, diz o menino.

Cauê pensa em ir até lá, mas desiste. É melhor que ela tome a iniciativa. Lembra-se da recomendação da mãe: quem é Juanito? O adolescente ao seu lado fica confuso. Com um olho em Cauê e outro na perna de pau que seu irmão está aprendendo a usar enquanto ele espera a sua vez, dispara novas perguntas em vez de responder. É um menino ? É um homem? O que ele faz? É a vez de Cauê ficar confuso. Não sabe nada além desse nome. Mas pelo tempo que se passou desde que sua mãe deixou a aldeia, Juanito deve ser mais velho que eles. Talvez essa mulher que olhava para ele e agora se levanta com uma sacola de compras saiba, parece que está indo embora. Cauê se apressa e vai atrás dela.

Fica sabendo que Juanito mora em Dourados, é professor na escola pública e vem três vezes por semana dar aulas em Oikové. Estava com o cacique Setestrelo na Santa Fé e já esteve na aldeia mais cedo conversando com os professores. Vai voltar amanhã, sempre está junto quando acontecem coisas importantes em Oikové, informa Andiara.

- Você estava olhando pra mim no jantar. Quer me perguntar alguma coisa?

- Achei você parecido com uma pessoa que conheci mas não tem importância agora... é melhor procurar Juan. Os meninos de hoje não se lembram de Juanito, pergunte por Juan Guarani. Todos conhecem.

Cauê quer continuar a conversa. Com quem é parecido? Mas Andiara aperta o passo e se desculpa. Já é noite e precisa voltar pra casa.

O jantar terminou e os estudantes começam a se espalhar entre as salas das oficinas e os quartos. Cauê leva seu prato até a cozinha e quase esbarra em três estudantes que chegam esbaforidas para jantar antes que as cozinheiras terminem a limpeza e fechem tudo. Elas quiseram conhecer uma casa onde se vende brincos de penas e demoraram demais. A menina índia que as acompanhou chega junto e segue também para a cozinha, quando é barrada por uma das mulheres que prepara as refeições. Ela lhe dá a maior bronca pelo atraso, lembrando que já passou do horário de servir, devia ficar sem jantar para aprender a não ser tão folgada. A mulher nada disse de parecido para as estudantes que se servem constrangidas, uma delas deixa seu prato pronto de lado e começa a fazer outro pra levar até a menina índia que não se move e nada diz, apenas olha impassível para a mulher branca e loira que fica vermelha de raiva enquanto fala com ela.

A cena tumultua ainda mais o coração já mexido de Cauê e o faz escorregar do Mato Grosso do Sul para o Rio Grande do Sul, relembrando a temporada que passou em Porto Alegre na casa do tio Rodolfo, irmão de seu pai.

Não se importou tanto com a caçoada dos primos por causa do seu jeito de falar carregando os erres e deixando pra lá algumas letras. Parecia tão normal comer as palavras como se elas tivessem cheiro e sabor quando estava nos campos e roças do centro-oeste mas ali na cidade grande, com aqueles meninos falando um português cantado letrinha por letrinha sem comer nenhuma, Cauê entendeu que era caipira. Que fosse.

Sua avó já tinha tentado lhe ensinar "o melhor sotaque do Brasil" mas quando falava que nem ela e o pai com os amigos no colégio goiano, eles chamavam Cauê de esnobe.

Muito bem, ele preferia ser grosso do que ser fresco. O que doeu mesmo para Cauê durante a viagem foi ver a sua princesa índia tão graciosa com os sapatinhos baixos de pano e as saias ciganas que ela mesma fazia ser olhada de cima do salto alto das mulheres brancas e loiras da família do seu pai, que nem disfarçavam o mal estar com aquela anacrônica índia hippie que não sabia dirigir um carro e cismava de vender o seu artesanato no calçadão de Ipanema.

A tia Vanessa, tão elegante nos blazers de linho, as pernas sempre vestidas de seda. A Paulinha, muito gata com o jeans apertado e as marcas da moda. Cauê via a troca de olhares, sentia a falsidade das palavras, constatava a desatenção dos convites frouxos que não se confirmavam. E se dividia entre o fascínio pelas glamurosas e a revolta que lhe causavam pelo jeito delas com a mãe.

Até que Guadalupe rompeu o silêncio impávido que mantinha para sossegar as aflições de Cauê com uma ternura que ele jamais esqueceu.

- Tenha compaixão dos nossos parentes, filho. A vergonha é de quem humilha e não de quem é humilhado.

Enquanto fugia dos maus tratos dos encomenderos espanhóis, caminhando pela escuridão das matas densas nas terras próximas ao rio Paraná, Yupanqui lembrava com saudade do imenso vazio de prata que gostava de mirar no Templo da Lua.

E quando sentiu-se sufocado pelo calor úmido ao longo dos rios, lembrou também com saudade da sensação de estar suspenso no ar sobre o infinito quando sentava no trono do

Sol, esculpido a 2.700 metros de altura no Huayna Picchu para oferecer ao Inca uma visão panorâmica do vale do rio do Sol e das matas de Vilcabamba.

Por todas essas saudades, Yupanqui falava simplesmente que era da montanha quando lhe perguntavam de onde vinha. E mais não dizia. Porque jurou guardar o segredo da cidade oculta entre os picos nublados com a sua própria vida. Para melhor preservar o seu segredo, Yupanqui jurou também que ninguém saberia jamais que era um dos filhos do último Inca.

As relações com os estrangeiros não estavam mais cordiais na terra dos filhos da Lua como haviam sido no tempo em que Ollanta Paucar estivera por ali com seu pai, há quase 30 anos.

Ele mesmo, Ollanta Paucar, fora morto por um espanhol que quis roubar as peças de ouro que Ima Sumac lhe deu para garantir os primeiros tempos de exílio.

No princípio, ele havia resistido à idéia mas depois, concordou em levar o filho de Tupac Amaru para um outro destino que não fosse a morte solitária na montanha. Não havia lugar no Peru – o novo nome do Tahuantinsuyo, para um filho do Inca. As pessoas mais próximas da família real estavam sendo perseguidas, presas e assassinadas. Revoltada, Ima Sumac jurou que o sêmen do Inca iria se expandir e frutificar, nem que fosse em outras terras e outros povos.

Quando Ollanta Paucar e Yupanqui chegaram às terras entre os rios Paraguai e Paraná, elas já haviam sido distribuídas entre os europeus, que se apossaram das gentes que havia nelas. Assim, os nativos passaram a ser empregados dos invasores.

A confiança dos primeiros tempos se quebrara e as rebeliões se sucediam. As condições de luta, entretanto, eram desproporcionais. Milhares de guaranis se levantavam contra a dominação dos colonizadores para serem brutalmente dominados pelas armas mais modernas dos soldados espanhóis.

Mesmo eles, os espanhóis, não se entendiam e os golpes de estado se sucediam na emergente Província do Paraguai. As famílias leais aos administradores depostos fugiam para a selva a fim de escaparem da ruína e da prisão. Na mesma selva, os indígenas se pintavam e tocavam seus tambores de guerra, inconformados em serem tratados como serviçais nas terras onde sempre haviam sido donos do seu tempo e do seu destino.

Quando Ollanta Paucar morreu assassinado em Ciudad Real de Guayrá, a próspera vila que os espanhóis fundaram na margem leste do rio Paraná, Yupanqui ficou meio perdido.

A Ciudad Real, plantada pelos colonizadores nas terras da tribo que fora chefiada pelo cacique Guayrá, era muito diferente da cidade construída pelos seus antepassados na grande cordilheira. Não se tratava apenas do aspecto físico do lugar, sua geografia e arquitetura. O comportamento das gentes era muito outro. Acostumado a conviver com a castidade das mulheres consagradas, que veneravam o ouro e a prata como lágrimas do Pai Sol e da Mãe Lua, Yupanqui estranhou a cobiça e a luxúria daqueles homens que perdiam a humanidade e viravam bichos diante de uma porção de metal ou um corpo de mulher.

Ima Sumac tivera o cuidado de não fazer roupas coloridas ou enfeitadas demais para Yupanqui, a fim de que ele não despertasse atenções. Suas roupas eram sóbrias, porém tecidas com os melhores fios do Machu Picchu, para que durassem bastante.

Mesmo sem querer se fazer notar, Ima Sumac tinha nas mãos a elegância de gerações de princesas fiando, tecendo, tingindo e bordando. A indumentária de Yupanqui realçava a nobreza do seu porte e a beleza da sua juventude.

A intimidade adquirida nos anos em que vivera rodeado de mulheres lhe acrescentaram um jeito especial de lidar com elas. Yupanqui possuía um grande poder de sedução.

Foram as mulheres que lhe deram o que comer e lhe mostraram onde dormir quando ele ficou só e perdido na cidade dos conquistadores europeus. Em troca, se deixou iniciar nas artes do amor e do sexo.

Quase sentiu-se em casa novamente – não fosse a estranheza com os homens daquela terra. Que não gostaram do seu jeito de ser com as mulheres e deram um jeito de mandá-lo para bem longe dali – a léguas de distância e meses de caminhada, em busca dos ervais.

Yupanqui soube então que a vida dos indígenas dali havia virado de cabeça pra baixo quando os colonizadores conheceram caá-y, a bebida que Tupã deu de presente aos Guarani e Sumé ensinou a preparar. Em vez de continuarem a ser os senhores dos ervais como foram durante muitos séculos, os nativos se tornaram escravos deles.

A bebida que trazia força e resistência para a nação Guarani foi muito apreciada pelo reino da Espanha. Tanto assim, que se tornou em pouco tempo o ouro verde da conquista. De início, apenas os soldados e a plebe aderiram, já que os padres logo puseram o rótulo de satânica na bebida ofertada por Tupã, um deus "pagão". Assim sendo, os europeus eram ameaçados de excomunhão se fossem flagrados bebendo caá-y, o chá feito com as folhas chamadas de caá pelos indígenas.

Apesar do temor ao deus cristão, os conquistadores não resistiram à tentação por muito tempo. As águas salobras dos rios ficavam mais potáveis com algumas folhas da erva e a comida pesada dos pampas, à base de carne de gado, se tornava mais digestiva com o chá. A força revigorante da caá-y também trazia um novo alento nas longas caminhadas.

Com o tempo, até mesmo os nobres já tomavam a bebida que passaram a chamar de mate. Os padres tiveram que abolir a pena da excomunhão para não ficarem sem fiéis. E a corrida aos ervais se tornou desenfreada.

O trabalho dos nativos recrutados pelos encomenderos nas terras conquistadas consistia de início no cultivo do solo, nas colheitas e na coleta de frutos para a mesa dos novos senhores. Com a procura do mate pelos espanhóis, os indígenas passaram a ser enviados para os ervais em longas expedições que duravam meses – e muitas vezes eram sem volta.

Ao ritmo da chibata dos mayordomos, Yupanqui e seus companheiros de jornada atravessaram pântanos infestados de insetos e florestas povoadas por feras e serpentes. Muitas vezes só tinham fungos e raízes para comer e não foram poucos os que ficaram pelo caminho, atacados pelos bichos ou derrotados pela fome, o cansaço e o desânimo.

A colheita e o preparo da caá, que até então fora um presente do céu, tornou-se a sucursal do inferno. Yupanqui viu companheiros de jornada tombarem exaustos debaixo dos sacos de erva que pesavam mais do que eles próprios. E ali restarem pelo caminho, sem outra reação dos feitores a não ser um breve lamento pela mercadoria perdida no lombo do índio.

Essa desconsideração pelos moribundos explodiu a revolta de Yupanqui. Não fora para isso que deixara Machu Picchu. Melhor seria permanecer na solidão dos altos picos e merecer morte mais digna.

O cuidado com os mortos havia sido uma de suas principais tarefas na cidade sagrada. Era suposto que, por ser o mais jovem, seria o principal responsável pelas últimas múmias. Além de aprender a prepará-las e guardá-las, Yupanqui ajudava as sacerdotisas a tirá-las vez por outra das tumbas e cavernas da montanha para levá-las aos vários tronos de pedra entalhados no Huayna Picchu. Até mesmo as múmias tinham o direito de prestar o seu culto ao sol e de serem banhadas por seus raios.

Melhor enfrentar os animais da selva e se alimentar de raízes do que ser tratado de maneira tão indigna pelos carrascos brancos. Muitos fugitivos já se haviam embrenhado pelas matas em busca das aldeias que ainda resistiam aos invasores no mais fundo da selva.

Numa noite de lua nova, contando com a cumplicidade e a companhia de dois nativos que conheciam bem a região, Yupanqui sumiu na escuridão da mata. Enquanto fugia, buscava a fatia fina de luz que a Lua mostrava no céu e prometia a ela, caso conseguisse salvar-se, consagrar-lhe o objetivo de sua vida. Ele amaria as filhas da Lua. Apaixonadamente, loucamente, furiosamente. E faria o seu sêmen jorrar muitas vezes dentro delas, a fim de produzirem guerreiros para libertar os povos nativos da escravidão.

Sábado

Soltando a voz

– Eu estava morto e acordei em Tupã.

Com essas palavras o professor de guarani da escola de Oikové entra no ar, dando início à programação da rádio Awaeté.

Sua fala é transmitida em caixas de som para o pátio da escola.

O professor que virou locutor diz ter pensado que não mais veria seu povo se erguer e havia perdido também a vontade de viver até que as coisas começaram a mudar e a voz guarani que estava presa se soltou. As crianças que eram até proibidas de falar sua língua nativa na escola agora estão aprendendo o idioma e os costumes dos antepassados na sala de aula. Novas casas de reza foram construídas e as famílias voltaram a cantar e dançar. Agora têm até uma rádio pra se comunicarem com o mundo. Ele não acreditava mais que veria isso acontecer, mas agora sabe que o tempo anunciado pelos *karai* chegou.

-Tempo de renascer, levantar a cabeça, retomar a boa trilha que os antepassados ensinaram e soltar a voz que ficou presa no passado. Nosso povo está cansado de ouvir falar em massacre e sofrimento. Não quer mais o título de campeão em suicídios. Precisamos olhar para a frente e construir o futuro, recuperar nossa alegria e dignidade porque assim estaremos ajudando não só o nosso povo mas todos os outros povos da humanidade que ficaram doentes porque esqueceram da vida natural. Os povos da natureza precisam relembrar para os irmãos que andam perdidos pelas cidades, o amor e o respeito à Terra e aos filhos dela.

São 8 horas da manhã e o corredor da rádio Awaeté está cheio de gente. Uns querem gravar seus depoimentos e mensagens, outros querem aprender a operar os equipamentos.

Cauê passou a noite envolvido na montagem e operação da rádio. Agora que tudo deu certo ele se lembra do recado de Guadalupe.

Onde estará Juanito?

Não é difícil chegar até ele quando pergunta por Juan Guarani. Está conversando com os professores.

- Não! grita Timbó quando Cauê se aproxima. - Não podemos abrir as pernas para os especuladores internacionais que estão cobiçando a nossa água. Eles querem transformá-la em dinheiro e poder nas mãos de poucos privilegiados, deixando a grande maioria da população dependente deles. .

- Por enquanto aqui no Mato Grosso do Sul estão só fazendo as sondagens iniciais, mas eu soube que em outros países essa mesma empresa que faz parte de uma grande corporação está pressionando abertamente para explorar as reservas subterrâneas de água, conta Juan. Já existem até *lobbies* junto aos governos querendo fazer leis que promovam a privatização e a exportação da água doce. Tem gente brilhando os olhos com a perspectiva de ganhar muito dinheiro.

- Você sabia que existe um movimento internacional pra que se faça um contrato mundial, respeitando as reservas de água doce como um bem essencial a que todos têm direito? pergunta Timbó. - É preciso brecar essa nova corrida do ouro, não se pode deixar que privatizem e explorem comercialmente a captação e distribuição de água.

Juan se lembra da viagem recente que fez a Porto Alegre, para tratar da participação de um grupo de ameríndios no Fórum Social Mundial que se realizará no próximo mês. Ficou impressionado com a cobertura da mídia local sobre denúncias e suposições de atividades ligadas ao terrorismo internacional em Foz do Iguaçu. Havia uma certa insistência de fontes norte-americanas em situarem supostos focos terroristas, em conluio com o narcotráfico, na tríplice fronteira entre Brasil, Argentina e Paraguai. Sentira que era uma informação manipulada. Havia algo mais na tríplice fronteira do que os norte-americanos faziam supor. Suas suspeitas foram clareadas durante um domingo de sol na feira da Redenção, o grande parque de Porto Alegre. Uma passeata de moradores da cidade protestava contra a guerra do Iraque e alertava para o futuro próximo:

"Hoje é o petróleo deles. Amanhã será a nossa água. "

Juan lembrou então que a tríplice fronteira é o ponto nevrálgico geográfico e político do Aqüífero Guarani. Como foi também o coração da nação Guarani massacrada pelo imperialismo europeu.

- É preciso mais que nunca fortalecer as relações entre os povos da bacia do Prata. Temos a obrigação de estar atentos às manobras do império sem lei e sem pátria das grandes corporações porque somos os guardiões do maior manancial de água doce do mundo, comenta Timbó, voltando-se para Cauê a seu lado.

- E aí, Cauê, tudo bem? Estamos falando do Aqüífero Guarani, a grande reserva de água subterrânea da América. A porção maior desse aqüífero fica aqui no Mato Grosso do Sul e Juan está nos contando que andam por aí especuladores interessados em retirar água do solo para exportar.

O assunto não é novidade para Cauê. Também as nascentes privilegiadas do Planalto Central, que formam as principais bacias da América do Sul, estão sendo objeto de cobiça . Tem gente de orelha em pé acreditando já haver especulações para a internacionalização de estoques aquíferos na Chapada dos Veadeiros.

Timbó faz as apresentações.

Juan está olhando atentamente para Cauê quando ele diz:

- Tenho um recado pra você de Alto Paraíso.

Juan balança a cabeça lentamente, sem desviar os olhos dele.

- Já tomou café?

- Não.

- Então vamos lá.

Caminham em silêncio. Um turbilhão de perguntas se agita na cabeça de Cauê. Esse cara conheceu Guadalupe no tempo em que ela era criança e morava na reserva. Será que conheceu seus avós? Quem são os mortos que ela chorava?

Juan nada pergunta sobre o recado que Cauê tem pra lhe dar e ficam em silêncio até sentarem numa mesa do galpão com suas bandejas. Cauê resolve começar do início.

- Sou filho de uma índia que nasceu aqui em Dourados. Ela me disse para procurar você.

- Como é o nome de sua mãe?

- Guadalupe.

- Seja bem-vindo, sobrinho. Como vai minha irmã?

- Ela vai bem, sorri Cauê.

O alívio tantos anos represado sem saber notícias inunda Juan. Ele levanta da mesa, abraça Cauê e fecha os olhos, feliz da vida. Para Juan, aquele momento é o desfecho de 20 anos de angústia e incerteza. Para Cauê é apenas o início de um anseio infindável de saber quem é o povo de Guadalupe.

- Yari deve ter ficado muito brava com esses roupas-pretas. Onde já se viu querer proibir alguém de matear?

- Eles não gostam de caá-y, a bebida que dá força ao guarani. E agora dizem que cada homem tem que escolher só uma entre todas as suas mulheres e ficar com ela até morrer. As outras, que se danem. Onde é que já se viu uma coisa dessas?

- Eu até que acreditei nos roupas-pretas quando chegaram falando que traziam a proteção da Virgem Mãe e prometendo mais fartura para o povo. Mas agora já não sei mais ... esses caraíbas parece que são todos iguais, sempre querendo mandar na gente.

- Caá-y é a companheira que dá a força, e as mulheres são as companheiras que trazem o poder. Acho que se os roupas-pretas querem tirar força e poder do guarani, pra boa coisa não deve ser.

Enquanto as filhas alisavam o barro com as mãos, as mulheres de Yupanqui preparavam as tintas para a pintura dos vasos. O verde, elas tiravam da caá. O vermelho, do urucum. E o negro, do yrybu retymá.

Suas dúvidas rolavam com a correnteza do rio. Sem resposta, faziam emergir novas perguntas nas meninas que ouviam a conversa. Jurema queria saber se ia continuar brincando com

Guadalupe todos os dias, caso o pai escolhesse ficar com uma só das irmãs. Guadalupe, por sua vez, se preocupava com o irmãozinho que estavam esperando na barriga da sua tia, a mãe de Jurema. Então ela não poderia ajudar a cuidar dele?

As mulheres ficaram perturbadas com as perguntas das filhas – embora Yupanqui tivesse lhes garantido que nenhum padre ia se meter na vida deles e separar a família. Suas mulheres eram irmãs e sempre viveram juntas. Pouco depois do pai delas ser aprisionado num confronto com caraíbas armados de pau de fogo, elas viram chegar na aldeia aquele estranho bonito, perguntando pela filha de Jurema. Ele ouvira falar da mulher que andou pelo Caminho do Peabiru até Cuzco e que matou o caraíba que a levará até lá – para impedir que outros mal intencionados como ele chegassem na terra dos Inca.

Não adiantou porque eles chegaram de qualquer jeito, mas a intenção foi boa e Jurema se tornou uma heroína para Yupanqui. Por isso ele fez questão de conhecer a aldeia onde ela se refugiará e vivera até morrer, perto do rio Paraná. A filha de Jurema tinha duas netas e, depois de muita conversa com a vó e a mãe delas, Yupanqui ficou com as duas.

Desde que conseguira se livrar dos encomenderos espanhóis ele andara de aldeia em aldeia e ficara com muitas mulheres. Mas nunca muito tempo num lugar só e com uma só mulher. Ainda não sentira o desejo de ter um lar até conviver com as descendentes de Jurema. Tinha uma afinidade forte com elas: possuíam uma antepassada que conhecera seu povo e sua terra e tentara protegê-los.

As duas irmãs engravidaram quase juntas. Quando a primeira filha nasceu, ele não teve dúvida de que se chamaria Jurema. Antes da segunda menina nascer, a mãe dela sonhou com a Virgem de Guadalupe. Em uma de suas visitas, os padres tinham mostrado na aldeia uma imagem dela.

Yupanqui não ligou para a pequena imagem que os roupas-pretas mostraram porque já vira imagens mais ricas e grandiosas em Machu Picchu, feitas de ouro e adornadas com pedras preciosas. Mas os nativos guaranis que nunca haviam visto coisa assim, ficaram impressionados. Tanto assim que uma de suas mulheres sonhou com a Virgem de Guadalupe e quando ela comentou que seria um nome bonito se nascesse menina, ele concordou. Afinal, era o nome de uma mulher consagrada – mesmo que fosse para outro deus.

Yupanqui era um daqueles que não queriam aceitar o batismo e a tutela dos padres. As conversas que ouvira quando menino em Machu Picchu sobre a participação dos brancos de roupas-pretas na destruição dos ídolos e proibição dos cultos incaicos haviam deixado nele um forte preconceito. Mesmo que lhe dissessem que não eram os mesmos tipos – aqueles que estiveram na terra dos Inca quebrando ídolos e que permitiram os maus tratos dos encomenderos na terra dos Guarani, eram os chamados franciscanos. Esses que chegavam agora eram os chamados jesuítas e vinham da parte do rei, segundo diziam, para proteger os índios dos encomenderos que atacavam do lado onde o sol se põe e dos bandeirantes que atacavam do lado onde o sol se levanta.

As notícias sobre a situação dos nativos nos ervais chegaram até a corte espanhola e suas majestades intuíram que, do jeito que as coisas andavam, em breve não haveria mais nativos daquela terra entre seus súditos. Eles morreriam de privações ou se rebelariam – como já estava acontecendo.

Foram baixadas leis que proibiam a escravidão dos indígenas e impunham pagamento a seus serviços – mas a própria coroa exigia deles impostos que eram pagos com serviço escravo – e os prazos iam se alongando de acordo com o interesse dos empregadores.

A interpretação e a fiscalização das leis ficava ao sabor dos governantes que se sucediam até que a coroa espanhola resolveu contratar a Companhia de Jesus para ajudar a resolver a difícil situação dos nativos. No final do século XVI o Vaticano se aliou à conquista, que passou a chamar-se espiritual.

Yupanqui via com desconfiança os nativos se deixando cristianizar e civilizar, tornando-se súditos da Espanha. Conhecedor da avidez e usura dos colonizadores, ele achava que a catequização era um jeito deles manipularem os nativos para que produzissem de acordo com os parâmetros da sua civilização, contribuindo para a riqueza d'além mar com pesadas cargas horárias e impostos valiosos.

O que mais revoltava Yupanqui era ver que se despersonalizavam tanto a ponto de lutar contra os indígenas que defendiam a sua própria cultura. Alarmou-se quando soldados e índios percorreram as povoações do Guayrá desarmando os moradores. Quis resistir. Disseram-lhe que as tribos já estavam pacificadas e não precisavam mais de armas, porque os novos cristãos contavam com a proteção de Deus e de sua majestade o rei de Espanha. Em vão Yupanqui e outros tentaram alertar para a vulnerabilidade a que estavam se sujeitando. Suas vozes não foram ouvidas.

O desarmamento veio a calhar para a gente nova que começava a nascer para as bandas do Atlântico e a povoar os campos de Piratininga. Descendentes de portugueses, índios e mestiços, os paulistas não gostaram dos avanços dos espanhóis sobre a fronteira das terras que pertenciam a Portugal. Já em 1533, os portugueses haviam proibido a passagem pelo Caminho do Peabiru, a fim de conter o avanço dos castelhanos que faziam um comércio lucrativo através do continente.

Ocorre que a grande área de influência do Peabiru, com as diversas rotas percorridas pelos colonizadores entre os afluentes do Paraná e do Paranapanema, ficou por demais conhecida pelos que buscavam as minas do Peru e pelos que caçavam mão de obra para as fazendas. Expedições espanholas cruzavam os rios e rompiam as matas. Antes que o novo século trouxesse consigo o fim da proibição de transitar pelo Peabiru, os espanhóis já haviam fundado Ciudad Real de Guayrá, na confluência entre o rio Paraná e o rio Piqueri, dali avançando para fundar Vila Rica do Espírito Santo, entre os rios Piqueri e Ivaí. Os jesuítas transitavam pelas povoações da região, em seu trabalho de catequese, reunindo os nativos para formar as primeiras reduções.

A promessa era protegê-los dos maus tratos e da escravidão dos colonos brancos. Mas o trabalho de retirar os indígenas das matas e concentrá-los em reduções facilitou o abastecimento de mão de obra escrava pelos bandeirantes, que passaram a atacar sistematicamente as missões que se formavam na Província do Guayrá.

Os administradores espanhóis, por sua vez, lavavam as mãos como Pilatos. Não seria a primeira vez que espanhóis e portugueses se acumpliciariam para destruir o comando jesuítico que ameaçava interferir na esfera dos seus interesses.

Guadalupe e sua mãe estavam colhendo frutas silvestres num lugar um tanto distante da aldeia quando eles chegaram. Jurema e sua mãe, um pouco indisposta pela gravidez, estavam em casa. Como se pressentisse a desgraça iminente, Yupanqui lhes falara na véspera da idéia que andava tendo de irem embora para o Tape, a região mais ao sul da nação Guarani que permanecia livre de encomenderos, bandeirantes e também de jesuítas.

Os caraíbas armados afinal chegaram, queimando as casas, aprisionando os homens e violentando as mulheres. Yupanqui não se deixou prender e acabou ferido por uma bala. Sangrando muito e sabendo que ia morrer, ele apontou para as matas na direção sul e ordenou à Jurema e sua mãe:

- Vão!

Rebeldes do Ijuí

No céu da manhã do terceiro dia de caminhada não se vê nuvem alguma. O sol saúda os andarilhos, prometendo um calor de verão daqueles nos 30 quilômetros seguintes até São Miguel.

Maduri segue pensativa. A conversa sobre a falta de popularidade do ciúme entre as mulheres nativas a perturba. Seria a poligamia um instinto natural entre os homens? Teria julgado mal o pai quando ele tentara explicar que não podia se dedicar a uma só mulher o tempo inteiro e isso não significava desrespeito algum com sua mãe? Que ele queria ficar com ela mas gostava de conviver com outras também?

Maduri se revoltava com o sofrimento da mãe, esperando Carlão chegar da cidade tarde da noite. Às vezes acordava com as vozes alteradas que vinham do quarto deles durante a madrugada e que geralmente se calavam com o choro de Eloá.

Carlão era sempre convidado para as festas em Botucatu. Churrasqueiro de mão cheia, era também um violeiro dos mais populares na região. Além das modas que gostava de compor, seu repertório continha músicas de Luiz Gonzaga, Jackson do Pandeiro, Catulo da Paixão Cearense, Dorival Caymmi, Tião Carrero e Pardinho. Entre os novos músicos que despontavam, ele tinha uma queda especial pelo Chico Buarque. Até seu corte de cabelo era parecido com o dele. Chegava sempre o momento em que alguém pedia pra tocar *Quem te viu quem te vê*, uma das preferidas do Carlão e quase uma senha. Era o momento em que os festeiros já desinibidos pela cerveja começavam a evoluir pelos quintais, se apresentando como mestres-sala e porta-bandeiras diante da platéia complacente formada pelas mangueiras e jabuticabeiras botucatuenses. Nas festas maiores, com músicos contratados e as moças mais bonitas da cidade presentes no salão, Carlão era um dançarino animado.

Eloá poucas vezes o acompanhava. Não só para ficar com as crianças, mas também porque lhe incomodava a faceirice do marido e o sucesso que fazia entre as mulheres. Até que um dia ela se mudou para a cidade a pretexto de facilitar a vida dos filhos que precisavam ir à escola e não quis mais pisar na cozinha da fazenda, onde uma ajudante nova e bonita estava sendo treinada entre elogios e sorrisos do Carlão.

Na primeira noite em que dormiu na cidade, Maduri teve medo e sentiu raiva do pai. Eloá voltara para o velho casarão da sua família e corria a lenda que o fantasma do seu bisavô uivava no quarto enquanto na varanda os escravos arrastavam correntes. O casarão, um dos mais antigos de Botucatu, fora herdado por Eloá com todo o mobiliário e ficara desabitado durante anos, sendo alugado para festas e recepções. Precisava de reformas que seriam feitas com o dinheiro da locação de outras duas casas que ela transformara em pontos comerciais.

Andando pelo casarão de paredes descascadas e assoalho gasto, Maduri achava que o pai era um ingrato. Fora o dinheiro da mãe que garantira a estabilidade da família no tempo em que Carlão esperava as fruteiras que plantara crescerem e produzirem. E também fora esse patrimônio dela que decidira o impasse quando a fabriqueta doméstica chegou no ponto em que ou fecha, ou se expande. Foi com o aval da mulher que Carlão conseguiu o dinheiro necessário para comprar máquinas e ampliar instalações.

Eloá nunca cobrou do marido o apoio dos tempos difíceis mas ficava magoada com a vista grossa de vó Belinha sobre as farras do filho, que se tornaram mais descaradas depois da separação. Mesmo estando separados, permaneciam casados e sócios na comunhão de bens por questões pragmáticas. Carlão deveria ser mais discreto e vó Belinha mais solidária por ser mulher, afinal o comportamento dele era um mau exemplo para as crianças, dizia Eloá às amigas.

Quando alguns poucos meses depois que a vó Belinha morreu ele levou uma namorada para passar um tempo na fazenda, Eloá achou que, francamente, era demais. Mesmo que ele tivesse o cuidado de não deixar a namorada tomar o lugar dela na cozinha. Talvez para não enfurecer a ex-mulher que continuava sendo sua sócia, talvez evitando possíveis confrontos entre a nova e as antigas ajudantes, o fato é que Carlão aprendeu a separar as coisas de forno e fogão das coisas de cama e mesa.

Para Maduri, dava na mesma. Deixou de visitar o pai, por mais que sentisse saudade. Quando encontrava com ele na rua, cortava as suas tentativas de aproximação. Mesmo quando a mãe já não se importava mais. Aos poucos, uma transformação sutil fora acontecendo no casarão assombrado e sombrio.

A reforma transcorreu lenta, gradual e segura, do jeito que Eloá gostava de fazer as coisas. Na primeira etapa foram trocados o assoalho gasto e modernizada a cozinha. Também pintaram paredes, portas e janelas. O piso mais moderno, mais claro e fácil de limpar, as paredes pintadas de amarelinho e as portas e janelas de madeira de lei renovadas por um vibrante azul rei, trouxeram mais luz para o casarão. A segunda etapa foi comprar móveis novos e renovar com cores vivas os estofados daqueles que podiam ser aproveitados.

As mudanças externas se refletiram internamente em Eloá, que aos poucos foi trocando o ar severo e repressor dos tempos do Carlão por um semblante brejeiro e uma nova disposição. O charme do marido e seu jeito de ser brincalhão provocavam nela um senso agudo de responsabilidade. Eloá era o porto seguro onde Carlão e os filhos ancoravam e não podia se dar ao luxo de brincar com as coisas sérias da vida, já bastava ter um marido que era como uma criança.

A convivência com Carlão envelhecera prematuramente Eloá. Longe dele, ela remoçava e adquiria novas cores, prazeres e humores, permitindo-se botar pra fora a sua moleca reprimida durante tantos anos. Gostava de receber amigos para tomar chá, jogar cartas e ouvir música em sessões que se prolongavam pela noite adentro, quando então servia os vinhos e licores feitos por ela mesma com as frutas que chegavam sempre da fazenda. Também gostava de alvoroçar os salões promovendo jantares beneficentes que a tornaram disputada socialmente. Quando a reforma foi concluída com louvor e o casarão se destacava na rua com uma nova fachada projetada por Maduri em cores da moda, Eloá decidiu que não era mais necessário contar os centavos e viajou para a Europa.

Mesmo vendo a mãe retomar o bom humor, a forma e a elegância agora que não precisava experimentar doces e usar avental todos os dias, mesmo sentindo que ela até remoçara, ainda assim Maduri não pensou que a separação afinal havia sido boa para ambos. Ainda ressentida, apenas lembrava do pai ao ver a mãe bonitona e dizia mentalmente: "Bem feito, perdeu porque quis".

Quando anos depois Carlão passou mal após uma partida de futebol regada a cerveja, Maduri estava em um retiro no Oriente. Ao receber a notícia da morte dele quando deixou o *ashram* e voltou para a civilização, teve a incômoda sensação de que era tarde demais. Tarde demais para perdoar e ser perdoada.

Olha para os lados e se percebe sozinha na estrada. Mergulhada em suas recordações, não tinha percebido o quanto os companheiros se distanciaram. Aperta o passo. Não demora muito a se encontrar com eles, esperando por ela e descansando na beira da estrada. Um grupo ímpar, com as capas coloridas salpicadas e as pernas transformadas em botas de barro. Hermano tira uma fotografia de todos abraçados.

Maduri acha bom dar risadas e iluminar com elas os fantasmas da peregrinação. Quando expostos, os nossos fantasmas viram crianças em busca de atenção. Assombração mesmo é o espectro das antigas Missões, a presença forte durante o caminho.

O bando volta a caminhar com disposição e Hermano retoma a conversa sobre o início da colonização. O guia está questionando as boas intenções dos jesuítas que diziam salvar os índios reduzindo e reprimindo.

- Para a igreja, só os índios catequizados podiam ser protegidos contra os bandeirantes que chegavam escravizando e matando. Os outros eram considerados animais e podiam ser caçados e mortos por paulistas, portugueses ou espanhóis.

- Os povos mais guerreiros, que rejeitaram a tutela dos jesuítas e enfrentaram os invasores, foram massacrados mais cedo, concorda Floriano. O caráter pacífico dos Guarani e a sua religiosidade natural contribuíram pra que aceitassem a cristianização, o que lhes valeu um fôlego de 150 anos de arte e história.

Hermano lembra que se abriram várias frentes de resistência entre os Guarani quando os jesuítas chegaram. A luta contra a repressão ao sexo e aos costumes eram as mais ostensivas.

- Eu já estava achando os índios gaúchos bonzinhos demais, comenta Maduri.

- Não foi tão fácil como parece essa domesticação, diz Taiana. Muitos caciques resistiram e aqui mesmo no Rio Grande do Sul se criou um movimento de revolta contra os missionários que deu em assassinato e martírio.

- Então, Hermano, conta lá como é que foi essa história, pede Maduri.

- Bom, tinha que ter mulher no meio para os índios ficarem bravos desse jeito...

Há dias Nheçu não soltava a sua risada, tão forte e tão gostosa que fazia Jurema se arrepiar de tesão.

Ele também andava pensativo quando estavam juntos na rede e não brincava mais como uma criança quando ia com os filhos para o rio.

Nheçu ficou assim desde que um emissário lhe informou que os roupas-pretas continuavam avançando pelo Tape na direção de suas terras, na margem direita do rio Ijuí, trazendo seu novo deus e sua nova cultura.

Vários chefes estavam aceitando as condições da mudança, achando que podiam trazer mais benefícios do que malefícios. Os invernos andavam rigorosos e as aldeias sentiam a falta de alimentos em quantidade suficiente. Em troca de sementes, machados, anzóis e facas para melhor caçar, pescar, plantar e construir, os nativos aceitavam o sistema dos padres. O que incluía escolher apenas uma mulher e abrir mão das outras.

Jurema ficou alarmada com as notícias. O que seria das mulheres mais velhas, que ficariam abandonadas, com dificuldade para encontrar novos maridos? Não era justo o que estavam fazendo. Um homem de verdade não abandona suas companheiras pelo caminho.

Lembrou do pai, indignado com os roupas-pretas do Guayrá que estavam proibindo a poligamia e as festas tribais nas aldeias. Yupanqui se perguntava como é que os roupas-pretas não entendiam que o jeito livre de amar e de celebrar a vida, compartilhando tudo com todos, é que tornava os Guarani um povo pacífico, não se atirando às guerras e conquistas para satisfazer os instintos reprimidos e a cobiça como outros povos. Mas não adiantara nada seu pai ter resistido e prometer que nunca abandonaria suas mulheres, porque elas lhe foram tiradas do mesmo jeito e atiradas às matas pelo poder dos caraíbas.

Até hoje ainda se perguntava onde andaria sua irmã Guadalupe. Soubera que os sobreviventes dos ataques às reduções do Guayrá resistiam, alguns reconstruindo as aldeias destruídas, outros atravessando o rio Paraná para se refugiar na Província do Paraguai e outros ainda chegavam, como ela, nas terras próximas ao rio Uruguai.

De uma forma ou de outra, boa parte dos sobreviventes acabava morrendo, seja em novos ataques, seja pelas dificuldades nas difíceis travessias.

Jurema não viu seu irmão nascer. Ficou pelo meio do caminho, abortado numa poça de sangue pela mãe já moribunda. Ajudou a enterrá-los e seguiu com um pequeno grupo de fugitivos que também buscava as matas a leste do rio Uruguai. Jurema não gostava de pensar nesse passado, quando perdeu de repente, de modo cruel, todas as pessoas que amava e que a amavam também. Durante muito tempo ficou sem sorrir, e quando chegou ali na estancia Pirapó, magra e doente, restou muito tempo quieta pelos cantos, sem falar com ninguém.

Foi a risada de Nheçu que curou Jurema.

Quando Nheçu conheceu a menina que veio do Guayrá, achou-a diferente das outras da sua idade. Era como se algo nela tivesse amadurecido rapidamente, transformando-a em mulher antes do tempo.

Era quase um milagre ela ter conseguido chegar até ali viva. Fora encontrada com mais três sobreviventes da sua aldeia, vagando perdidos pelas matas do rio Ijuí, exaustos e famintos. Eram os três que sobraram de um grupo de 20 fugitivos. Os outros foram ficando pelo caminho, atacados pelos bichos ou rendidos pela fome e o cansaço.

Nheçu observou o silêncio trágico da menina e olhou longamente nos olhos dela, buscando entrar em contato com a sua alma. Soube então que, para suportar a escuridão que apagara o seu sorriso, ela tivera que acender uma luz dentro de si.

Mais do que o corpo bonito de Jurema começando a tomar forma e a chamar a atenção dos homens, o que encantou Nheçu e o fez cuidar dela até torná-la sua mulher, foi o mistério de sua alma. Passou a pedir sua opinião em alguns assuntos, sabendo que apesar de jovem, era mais quieta e observadora que as outras.

Jurema falava pouco. Mas, quando dizia, era pra valer. E quando fazia, também. Não tinha pressa de nada. Era como se vivesse num mundo além do tempo. Talvez porque tivesse experimentado a presença da morte muito cedo e muito perto, ou talvez porque o pai tivesse lhe ensinado alguns dos segredos que os sobreviventes do Machu Picchu usavam para prolongar a vida e cultuá-la além da morte, o fato é que Jurema se tornou incansável e imbatível junto aos doentes. Sua fama de curadora correu as povoações do Ijuí ao Uruguai. E quando Nheçu descobriu que ela tinha o poder da visão, não prescindiu mais dos seus conselhos.

Ao escolher suas mulheres, ele não se deixava levar apenas pelo prazer dos sentidos. A qualidade do saber e do fazer femininos eram muito importantes para Nheçu. A melhor artesã do Tape, por exemplo, era uma de suas mulheres. Ela ensinava as outras a trançar, modelar, pintar e assim Nheçu podia oferecer belos cestos e vasos aos amigos e vizinhos. Havia aquela que tinha um jeito especial para plantar e colher e, com ajuda dos filhos da grande família, não deixava nunca faltar alimentos na mesa de Nheçu e dos seus.

Cada uma de suas 22 mulheres tinha um talento especial que o engrandecia e à estância Pirapó. Ele podia, com o excedente de sua produção, ofertar presentes aos amigos e aliados, matar a fome das aldeias mais pobres, compartilhar seus bens e produtos em grandes festas. Entre os Guarani, um homem não era poderoso pela sua capacidade de acumular, mas sim pela sua capacidade de compartilhar. E assim, Nheçu tornou-se o cacique mais respeitado naquelas bandas, líder de outros chefes.

Por isso é que Neenguiru , cacique na redução de Concepcion, viera do outro lado do rio Uruguai há três verões passados, falar da intenção dos missionários de iniciarem a catequese na banda de cá do grande rio. Eles queriam o consentimento de Nheçu.

Ele dera permissão aos roupas-pretas para que atravessassem o rio Uruguai – contanto que não avançassem Tape adentro na direção do Pirapó. Também exigira que nenhum outro tipo de caraíba além deles se intrometesse nas povoações guaranis.

De início, os missionários cumpriram o acordo. Margearam o rio Uruguai, estabelecendo as reduções de São Nicolau, São Francisco Xavier e Reyes de Tapeju. Depois, sem avisar ao grande líder da região, avançaram Tape adentro, fundando as reduções de Candelária e do Caraó. E agora, um dos padres estava vindo para o Pirapó, bater na sua casa.

Ele chegou com a primavera colorindo as barrancas do Ijuí de roxo e amarelo. As flores perfumavam o ar e os pássaros entoavam alegres melodias.

Atravessando o Ijuí com o guia enviado por Nheçu, o jesuíta Roque Gonzáles observou a majestade da estância Pirapó. O rio era uma excelente fronteira para Nheçu, preservando a sua independência.

No caminho, Gonzáles observara que os campos do Tape davam excelentes pastagens para a gadaria e a cavalhada que os padres criavam nos pampas próximos aos rios Paraná e Uruguai. E as matas próximas ao Ijuí eram perfeitas para o desenvolvimento das erveiras que cultivavam.

Nessa primavera de 1628 os padres já não combatiam a caá de Tupã como se fosse a erva do diabo. Pelo contrário, se aliaram a ela. O sucesso do mate o tornou moeda corrente na Província do Paraguai e transpôs fronteiras. Muitos colonos faziam fortuna com o comércio da bebida que se tornou obrigatória nos lares platinos.

Além de explorar a erva colhida nas matas, os jesuítas se puseram a descobrir os segredos de sua germinação para diminuir as exaustivas idas dos índios missioneiros aos ervais. E trataram de fazer experiências com o seu plantio, acabando por criar um produto de primeira qualidade que chamaram de caá-mini e se tornou o mate preferido pelos consumidores locais e os importadores.

Quando Roque Gonzáles e Nheçu se defrontaram, os dois se mediram. O jesuíta sentiu que chegara num espaço diferente. Ali estava um homem que não precisava se submeter. O cacique, por sua vez, não pôde deixar de admirar a audácia daquele caraíba que andava sozinho por terras estranhas para enfrentar e convencer as suas gentes.

As negociações foram longas e tensas. O padre acenou com as riquezas que os jesuítas estavam trazendo para o Tape. O cacique recordou o tesouro que representava a cultura ancestral. Como num jogo de braço, ambos seguraram as suas posições por longo tempo. Aos poucos, Nheçu foi cedendo.

Do Paraná ao Uruguai, todos os chefes da nação Guarani estavam aderindo ao novo sistema. Ele não podia ser o único líder a se opor. O que Nheçu percebeu no dia em que liberou os jesuítas para implantarem uma redução no Pirapó é que não importava de onde vinha o branco – se da Espanha ou de Portugal, se de deus ou do diabo. Ele trazia consigo um sistema que as gentes nativas jamais poderiam entender ou vencer.

Nheçu não teve outro jeito a não ser compartilhar o seu poder como chefe com aqueles caraíbas de roupas-pretas, que pelo menos falavam de deus e não matavam e estupravam como os outros. Mas não lhes entregou suas mulheres como Roque Gonzáles exigia, afirmando que os padres cuidariam delas.

Quando o padre chegou, mostrando a estatueta da Virgem, Jurema sentiu uma espécie de enjôo. Como se a vida fosse uma canoa que joga a gente pra lá e pra cá. A estatueta era do mesmo tipo daquelas que os roupas-pretas traziam quando faziam suas visitas às povoações do Guayrá e que fizeram sua tia grávida sonhar com a Virgem de Guadalupe. Onde andaria Guadalupe? E o que aconteceria com todos os seus entes queridos do Pirapó, agora que a história começava a se repetir e o caraíba de roupa-preta anunciava que a estância se chamaria daí pra frente Assunção do Ijuí?

Angustiada, Jurema foi para a beira do rio. Olhou para a lua no céu e pediu à Mãe que lhe desse uma orientação. Ficou olhando para o reflexo dela nas águas e de repente, deu um grito. Levantou-se e virou as costas para o rio.

Algum tempo atrás, quando a família começara a crescer e a gritaria das crianças às vezes o incomodava nas habitações coletivas, Nheçu construíra um rancho na cabeceira de uma grande queda do Ijuí.

Era um lugar de difícil acesso e ficava escondido na mata. Dali Nheçu podia ver as coxilhas do Pirapó e meditar sobre o destino da sua gente – o que vinha fazendo muitas vezes ultimamente.

Estava na hora de melhorar o rancho e transformá-lo na casa de suas mulheres, longe do alcance dos roupas-pretas. Para lá Nheçu seguiu, levando as 22 mulheres, suas crianças e alguns companheiros de confiança. Haveria tempo para escolher aquela que apresentaria aos padres como se fosse sua única esposa.

Pescando e construindo com os companheiros, brincando com os filhos e amando as mulheres, Nheçu se esqueceu por um tempo das atribulações. Mas não podia simplesmente se ausentar do comando num momento tão delicado e os companheiros lhe serviam de mensageiros, trazendo notícias e levando resoluções.

Até que um dia chegou Carupé , chefe no Caraó, aldeia do Tape. Ele nunca se conformou com a intromissão dos jesuítas nas suas terras e, por sugestão de Nheçu, empreendeu uma longa viagem, percorrendo as reduções do Uruguai e do Paraná para ver como as coisas andavam por lá.

Voltou alarmado e revoltado.

Ao atravessarem o rio Uruguai, Carupé e seus companheiros de viagem não foram bem recebidos. Os padres não gostavam que os "selvagens" do Tape conversassem com os nativos já civilizados. Não puderam caçar, porque poderiam afugentar os animais que estavam sendo criados na estância de Concepcion. E quando tentaram se aproximar das mulheres, houve um grande alarido. Por fim, lhes causou estranheza estarem os nativos sendo treinados para formar um exército. Ficaram chocados ao saber que os índios livres eram considerados rebeldes que precisavam ser combatidos e dominados. Pela primeira vez em sua vida, Carupé sentiu-se um estranho em território guarani.

Ao chegar nas reduções do Paraná, a decepção não foi menor. Continuavam sendo atacadas pelas gentes de Piratininga, cada vez com intensidade maior. E, o que mais entristeceu Carupé, foi saber que entre os atacantes estavam os irmãos Tupinambá, treinados pelos portugueses para combater os Tupi-Guarani que nada de mal lhes fizera.

De volta ao Caraó, reuniu-se com os chefes vizinhos e soube que a maioria andava descontente com o rumo que as coisas tomaram. É bem verdade que progrediam materialmente, mas não conseguiam se adaptar à nova ordem. Sentiam-se violentados por abandonar seus costumes e perder a liberdade de andar à vontade pelos campos e florestas. Os chefes do Tape queriam que Nheçu liderasse um movimento para que as povoações se libertassem do jugo dos roupas-pretas.

Naquela noite em que o jesuíta celebrou o acordo com o cacique, Jurema viu o Ijuí tinto de sangue no reflexo da lua quando foi buscar os sinais dela nas águas do rio. Desde então, andava ensimesmada. O que dizer a Nheçu? Ouvindo a fala de Carupé, achou que não podia mais se omitir.

Está na hora de acordar o jaguar adormecido no coração guarani, disse Jurema. Esse rei da floresta se move sozinho, ele não precisa andar em bandos e seguir os outros. É isso que os caraíbas não suportam em nós – a nossa independência. Porque assim não é possível nos controlar. Eles nos querem como um rebanho – feito os animais que estão criando para atender às suas necessidades. Se nos juntarmos nas reduções como um rebanho, ficaremos incapazes de nos mover livremente e nos tornaremos inconscientes da nossa verdadeira identidade, de quem somos nós.

Lembrando-se das críticas de Yupanqui à maneira descuidada dos Guarani praticarem a sua agricultura, Jurema disse que os nativos do Tape estavam pagando com a fome nas aldeias o fato de haverem abusado da natureza. Em vez de se venderem aos caraíbas em troca de sementes novas e instrumentos cortantes, precisavam fazer um esforço e desenvolver novas técnicas para plantar e pescar com mais eficiência.

Não invejemos seus animais que esperam pacificamente para serem mortos, apelou Jurema, ou nos tornaremos também um rebanho à espera de morrer como eles. Dispersos entre as florestas, livres em nossos movimentos, estaremos mais seguros e felizes do que no rebanho dos roupas-pretas.

Com as palavras de Carupé e de Jurema no pensamento, Nheçu foi para o seu mirante preferido. Precisava pensar no que fazer. Meditava olhando o por do sol quando um novo mensageiro chegou com notícias do Pirapó: um preposto do padre Roque Gonzáles estava na aldeia mandando e desmandando.

Não fora esse o combinado. Roque Gonzáles garantira que viria pessoalmente e antes de começar o seu trabalho, conversaria com Nheçu, pois os caciques é que continuariam a comandar as suas povoações – embora sob orientação dos padres.

Não havia mais porque esperar. Nheçu marcou um encontro com os chefes revoltosos ali mesmo, na margem direita do Ijuí. Nas conversações que se seguiram ficou decidido que fariam o cerco às reduções cantando, dançando e "desbatizando" os novos cristãos. Não se tratava de atacar ninguém – um guarani não mata os seus irmãos. Mas, se preciso fosse, os roupas-pretas seriam sacrificados.

Assim fizeram. E cercaram as reduções de Candelária e Caraó, desbatizando os nativos . Os jesuítas resistiram e, além de Roque Gonzáles, mais dois foram sacrificados. Os outros conseguiram se refugiar na redução de São Nicolau, com apoio dos índios cristianizados. Como a ordem era para não matar irmãos, a redução não foi atacada pelos revoltosos, mas a reação dos caraíbas não se fez esperar. Com ajuda dos cavalos velozes que só eles possuíam, os jesuítas conseguiram enviar emissários para Concepcion.

Do outro lado do rio Uruguai um exército se formou para combater os revoltosos. Em Concepcion, índios reduzidos foram armados pelo especialista em estratégia militar da Companhia de Jesus. Em Corrientes, índios escravizados pelos encomenderos foram treinados por soldados espanhóis e comandados por um fazendeiro português. Das reduções do Paraná desceram centenas de guerreiros guaranis cristianizados.

As tropas repressoras atacaram ferozmente e só pouparam aqueles que aceitaram se render para a cruz. Arrasaram a estância Pirapó mas, por mais que buscassem, não conseguiram deitar a mão em Nheçu e suas mulheres.

Os padres continuaram a reduzir e formar suas estâncias ao longo do Tape. Anos mais tarde, o pressentimento dos revoltosos se confirmou: os índios domesticados no Tape foram sucessivamente atacados pelos bandeirantes que destruíram todas as povoações desse primeiro ciclo das Missões a leste do rio Uruguai.

No fundo da mata Jurema soube que o Ijuí se tingiu muitas vezes de sangue. Soube também das marchas tristes dos sobreviventes, caminhando na direção contrária da terra sem males para se refugiar na margem de lá do rio Uruguai, onde o sol se põe.

Da sua terra natal no Guayrá, as notícias não eram menos trágicas e tristes. Todas as reduções que chegaram a se formar na margem leste do rio Paraná foram totalmente destruídas. Ao todo, juntando os do Tape e os do Guayrá, uns 300 mil guaranis foram aprisionados ou mortos pelos bandeirantes.

A tristeza abateu Jurema e vergou seu porte altivo. Foi a gargalhada de Nheçu que conseguiu levantá-la outra vez.

Um dia chegou, beirando o Ijuí, um tupinambá fugido das terras junto ao mar. Ele contou que na direção do sol nascente as grandes águas da morada ancestral também se tingiram de sangue. Ao conhecer Jurema, o tupinambá se emocionou. E lhe disse que o seu nome se tornara um símbolo da resistência do povo Tupi. Os padres haviam proibido o vinho da jurema e reprimido os rituais onde ele era bebido. Em vez de se dobrarem, os nativos do nordeste continuaram a celebrar a vida com o vinho da jurema em rituais secretos onde buscavam abrir a visão e libertar a alma das ilusões desta terra imperfeita. Até que afinal, os padres tiveram que se render ao poder da árvore sagrada dos Tupinambá: os guerreiros juremeiros eram imbatíveis nas lutas contra os invasores holandeses.

Ao ouvir isso, Nheçu olhou para Jurema e soltou o riso daquele jeito que provocava nela um arrepio de prazer. Jurema compreendeu então que seu pai não lhe dera esse nome em vão. Levantou os ombros que ultimamente andavam curvados, ergueu a cabeça e fechou os olhos, deixando seu rosto ser banhado durante um longo tempo pelos raios do sol.

Onde estão os cavalos?

Ao meio dia, sedentos e suados, os andarilhos que reclamavam da chuva nos dias anteriores agora têm saudades dela. Na Esquina do Ezequiel, depois de beber muitos copos d'água e almoçar, desmaiam na sombra das árvores, embalados pelo violão de Leandro.

Recostada no tronco de uma figueira com a mochila servindo de travesseiro, Maduri sonha.

Agarrada nas crinas de uma égua negra e abraçando o corpo dela com as pernas, uma menina galopa nas trilhas entre os cafezais. Vai contra o vento, recebendo as rajadas na cara e na camiseta suada pela cavalgada ao sol da manhã. A sensação é mais do que refrescante, é inebriante. A menina e o menino que cavalga ao lado dela num garanhão cinza, param no armazém da cidade e pedem leite condensado, uma dose dupla de pinga e uma Fanta. Batizam a mistura, entornam um copo cada um e pimba – saem mui valentes com aquela ardeção toda. Montam nos cavalos e tomam a direção da Estância Santo Antônio.

A meio caminho, resolvem correr. Demoraram demais na cidade e a chuva que se anunciava formando nuvens e trovejando lá longe vai chegando perto em pingos soltos no ar. A menina, que segue na frente, resolve fechar os olhos querendo sentir mais fundo o vento molhado. De olhos fechados, não vê quando saem da trilha para campo aberto. Só vê que estava galopando na direção de um precipício quando já está no chão, jogada para trás pela égua que empinou em cima do despenhadeiro.

"Aqui a terra recebeu
o dom maior da existência
quando a santa providência
que rege o pampa mistério
mandou que o índio gaudério
fizesse pátria e querência".

Maduri desperta com os últimos acordes de Leandro ao violão, interpretando uma popular canção nativista. Lentamente reconstitui o sonho que é uma memória recorrente. Teve tantos momentos bons com a Cigana na Estância Santo Antonio e sempre lembra desse. Do último momento. Porque demorou meses se recuperando do tombo e quando ficou boa para montar novamente, tinha perdido o jeito. Montou meio temerosa de cair, meio desajeitada, e a Cigana percebeu seu estranhamento. Estranhou também e mais uma vez empinou, só não jogando a menina no chão porque ela estava prevenida e agüentou firme mas nunca mais montou.

O sonho veio embaralhado, como costuma acontecer com os sonhos. Na vida real não tomou pinga com Fanta no armazém mas sim na casa do tratorista da fazenda, não porque tenha pedido, mas porque ele mesmo ofereceu. Na real, o tombo do cavalo valeu o emprego dele na fazenda e quase estragou o aniversário da vó Belinha. Porque na real os irmãos foram no armazém da vila buscar milho de pipoca e amendoim para a festança do dia seguinte, com fogueira, quentão e quadrilha.

Era a maior festa junina da região e os comes já estavam sendo preparados há uma semana. No dia 13 de junho não faltava ninguém entre os amigos e parentes mais próximos, porque seria uma desfeita para a vó Belinha e o santo da sua devoção, o padroeiro da Estância Santo Antonio.

O nome da fazenda e a festança eram um jeito do vô Ângelo amansar a mulher. Ela não o perdoava por não ter cumprido a promessa de voltarem para as Missões, onde nasceu, cresceu e se casou. Nunca se conformou de criar os filhos em São Paulo, porque afinal eles tinham nascido no Rio Grande do Sul e desse jeito iam esquecer os lugares e tradições que continuavam morando no seu coração apesar do tempo e da distância.

Para aliviar a saudade dela, vô Ângelo fazia homenagens com o patrimônio da família. Assim é que ele batizou sua parte da grande fazenda herdada em Botucatu, com o nome do santo dela. Deu o nome de Uruguai ao córrego que passava perto da sede e represou nele um lago, inaugurado como Lunar de Sepé.

Perto da mata passava um rio que recebeu o nome de Ijuí e nas suas margens se formou um haras. O golpe final na vó Belinha, que adorava montar. E o início de uma grande paixão para o vô Ângelo, que foi buscar o garanhão no Rio Grande do Sul. Cruzou o garanhão gaúcho com as paulistas mais raçudas que encontrou nas fazendas vizinhas e criou uma linhagem vencedora nos concursos e leilões de cavalos da região.

O garanhão foi batizado de Corisco do Ijuí. Dele vieram campeões como o Gaudério do Ijuí, a Garota do Ijuí, o Crioulo do Ijuí e a Cigana do Ijuí, que Maduri ganhou de presente quando completou 12 anos.

A lembrança de Cigana traz para Maduri a consciência de que algo está faltando na aventura missioneira. Onde estão os cavalos , Leandro?

Ele descansa o violão na grama e deita ao lado dela debaixo da figueira.

- Já cansou de andar, princesa?

- Cansei. Mas não é disso que estou falando. É que na história das Missões ainda não apareceram os cavalos.

Leandro conta que os cavalos chegaram nas Missões quando começaram a se formar as grandes estâncias para criar animais, logo após os rebeldes do Ijuí serem derrotados.

Os missionários se encarregavam de plantar lavouras, hortas e pomares com sementes que mandavam vir da Espanha. Durante as secas prolongadas, porém, ou nas épocas de muita chuva e inundações, os alimentos faltavam e os índios fugiam para as matas e os rios em busca de caça e pesca, retomando os antigos costumes e abandonando os ensinamentos cristãos. Tentando conter as evasões freqüentes em busca de caça e pesca, os jesuítas trataram de comprar centenas de cabeças de gado em Corrientes.

Os animais foram muito bem vindos. Serviram para trazer mais alimento e também para satisfazer a ânsia de liberdade dos nativos que não se acostumavam facilmente ao trabalho rotineiro das cidades missioneiras, onde tudo era coordenado pelos padres. Nos campos podiam se largar em longos períodos longe deles, galopando pelos pampas na lida com o gado e correndo as matas em busca do mate.

- Então os Guarani deixaram para os gaúchos a tradição do churrasco, além do chimarrão, diz Taiana, que se aproximou de Leandro e começa a trançar seu cabelo solto.

- Além do churrasco e do chimarrão, relaciona Leandro, eles deixaram também um valioso conhecimento sobre o uso de plantas medicinais e culinárias. Herdamos ainda muitos nomes de rios, cidades e pessoas, e um grande patrimônio cultural.

- Você esqueceu de falar do gosto pelas repúblicas independentes, completa Taiana, desistindo da trança. Leandro não pára quieto com a cabeça. Quando retomam o caminho, eles seguem juntos, recordando trechos de canções nativistas.

Os cavalos continuam acompanhando Maduri no pensamento. O que aconteceu com os animais quando as reduções do Tape foram destruídas pelos bandeirantes?

- A alegria dos nossos missioneiros com seus cavalos e bois durou pouco em seu primeiro ciclo, comenta Hermano. Os bandeirantes atacaram ferozmente, os índios cruzaram o rio fugindo para a Argentina e o gado das estâncias se criou solto nos campos, procriando à vontade durante anos.

- Quanto churrasco desperdiçado, lamenta Taiana. Então os bandeirantes fizeram o que fizeram e nem aproveitaram a gadaria.

- Os bandeirantes apareciam de vez em quando para arrebanhar algumas reses mas os índios continuaram vigilantes com o rebanho que consideravam seu e criaram nesse meio tempo a sua resistência. Os jesuítas conseguiram permissão da coroa espanhola pra que eles pudessem usar armas de fogo. Afinal, estavam defendendo terras da Espanha e não receberam de graça essas armas. Foram bastante usados como soldados do rei em vários combates locais, principalmente contra os nativos não cristianizados.

A resistência missioneira se consolidou a partir da batalha de Mbororé, em 1641, quando dois mil bandeirantes morreram. Outras lutas aconteceram mas aos poucos os paulistas foram deixando a região em paz, o que possibilitou a volta dos Guarani para as terras que hoje são brasileiras, 40 anos após o êxodo. O rebanho criado solto já somava, nessa época, umas 15 mil cabeças e com esse patrimônio começou o segundo ciclo missioneiro no Brasil e a formação dos Sete Povos da Banda Oriental do Rio Uruguai. E dessa vez, os índios e os padres conseguiram se entender melhor no Tape.

Anabela sabia que ele não resistiria. Uma mulher sabe quando um homem se deixou enfeitiçar por ela.

Mas ele não deveria saber que ela também estava ansiosa para tê-lo outra vez em seus braços porque se assustaria com isso, achando que poderia ficar preso pelo interesse dela. Era melhor simplesmente fazer de conta que tudo aquilo não tinha muita importância, era tão natural para ela como cantar e tomar banho no rio.

Por isso Anabela o deixou esperando um tempo, nu ali na cama. Estavam só os dois na casa dos padres. Dificilmente chegaria alguém nessa hora.

Lá fora, o sol do começo da tarde ardia e o silêncio reinava na praça da catedral de São Miguel Arcanjo, que já começara a ser enfeitada para a festa do dia seguinte, com missa cantada e teatro. Na verdade, os preparativos tinham começado bem antes, com as novenas e procissões que antecediam os grandes eventos religiosos. Mesmo quem não ia à escola se cristianizava pela força das imagens, o êxtase dos cânticos, o envolvimento das peças teatrais que contavam a história dos santos.

Embora a escola estivesse aberta para quem quisesse freqüentá-la, o ensino era especialmente dirigido aos filhos dos líderes, administradores, artistas e artesãos. Anabela não achava isso justo, mas nas cidades jesuíticas os índios eram diferenciados pela posição social e status de suas famílias.

Os artesãos, por exemplo, formavam uma categoria privilegiada, porque traziam riqueza para as reduções. Das oficinas saíam rendas, rosários, cruzes, estátuas, pelegos, ponchos, arreios, vasos, gamelas, tijolos, instrumentos, utensílios e ferramentas. Os excedentes da produção manufatureira eram trocados em Buenos Aires e Santa Fé por produtos necessários às Missões, ou enviados para a Espanha juntamente com o mate e o couro que pagavam impostos à coroa.

O trabalho era duro mas nada faltava nas Missões e todos recebiam o seu quinhão de comida, roupa, mate e utensílios. As aldeias possuíam celeiros com estoques e plantar era uma tarefa prioritária. Costumavam trabalhar em grandes lavouras coletivas chamadas tupambaés ou lavouras de Deus, mas esse sistema tribal e solidário de produção não foi bem entendido na corte européia. Para não serem taxados de socialistas, os padres trataram de introduzir modificações no jeito de fazer as coisas e passaram a incentivar o cultivo de pequenas posses chamadas de anambaés ou lavouras da família.

A vida livre de antes era pecado para os missionários. Havia horários a cumprir e disciplina rígida. No momento todos andavam ocupados em seus afazeres. Os artesãos nas oficinas, os agricultores na lavoura, as mulheres na lida doméstica. As crianças que já haviam se livrado dos estudos brincavam no rio.

Será que um dia ele se deixaria amar na beira do rio, como tantas vezes ela amou Avapoty?

Anabela sorriu. Mas tratou logo de tirar o sorriso do rosto – embora estivesse feliz. Não queria deixá-lo perceber que estava celebrando intimamente a sua vitória.

Da primeira vez em que estiveram juntos, ele nem tirou a roupa preta. Anabela nem pôde sentir a sua pele. Entendeu então que embora fosse sábio em tantas coisas, o padre Mário era um ignorante das coisas do amor. Ele não tinha a menor idéia do que fazer para agradar uma mulher. E, logo depois de gozar, em vez de deitar ao lado dela e deixar que suas respirações sintonizassem o mesmo compasso, relaxando os corpos, ele se levantou apressado, ajeitando a saia preta e saindo logo do quarto.

Quando dias mais tarde ele quis amá-la novamente, ela começou a tirar-lhe a roupa. Queria mostrar como se faz amor de verdade, mas padre Mário se assustou e fugiu. Não se viram mais por duas semanas, que ele passou na redução de São João Batista. Foi pra lá com o pretexto de levar doações de alimentos para os homens que construíam as casas e semeavam as plantações na nova povoação – embora não fosse necessário que ele levasse pessoalmente os mantimentos. Os nativos enfrentavam melhor a caminhada através de matas e coxilhas, não necessitando da ajuda dele para carregar os sacos. Anabela sabia que fizera a viagem para fugir dela – e principalmente de si mesmo e de seus desejos.

Voltara na noite passada, cansado e com os pés doendo da caminhada. Agora estava ali, nu na cama, descansando de olhos fechados.

Anabela deu por concluída a arrumação da casa dos jesuítas, uma de suas tarefas diárias. Morava ao lado da casa deles, no cotiguaçu, com viúvas, descasadas e órfãos. Enfim, quem não tinha um pai ou marido para tomar conta, ficava por conta dos padres.

O que não deu para terminar, ficou para depois. Queria deixá-lo um pouco ansioso, mas não cansado de esperar por ela.

Entrou silenciosamente no quarto, sentou-se na beira da cama e começou a relaxá-lo pelos pés doloridos. Aos poucos foi subindo, acariciando as pernas brancas e cabeludas. Era a primeira vez que via seu corpo por inteiro e sentiu-lhe o vigor nas mãos. Como podia um homem com vibrações tão fortes passar a vida sem relaxar com uma mulher?

Ela mesma, embora não tivesse mais a impetuosidade adolescente do tempo em que chegou em São Miguel, se ressentia muitas vezes da falta de um corpo quente ao seu lado. Sentiu muita raiva quando luas atrás padre Mário insistiu com Avapoty que fosse morar na povoação de São João Batista, onde o seu talento de artesão seria muito bem vindo nas oficinas que o padre Antônio estava coordenando. Padre Mário descobrira que Anabela e Avapoty – que era chamado de Paulo pelos jesuítas – estavam se encontrando às escondidas.

Os dois eram netos de Nheçu e foram criados juntos. Se amaram desde que Anabela despertou para o sexo, embora ele já tivesse uma mulher, também neta de Nheçu. Quando Avapoty quis sair do refúgio no salto grande do Ijuí para viver na redução de São Miguel, Anabela quis ir junto. O inverno fora muito rigoroso e o alimento escasseava. Estavam confinados no fundo das matas e não podiam mais se espalhar pelos campos como antes, revezando os lugares de plantio. E as notícias que chegavam das Missões que voltavam a ser formadas no Tape eram apetitosas: havia celeiros fartos nos povoados e animais de carne macia pastando nos campos, além de roupas bonitas e quentes para proteger do frio.

Anabela soube das grandes batalhas que aconteceram quando seu avô Nheçu era o grande chefe desde o Ijuí até o Uruguai. Mas ao longo dos anos, a rejeição aos roupas-pretas diminuiu. No refúgio do Ijuí chegaram as notícias de que os padres não abandonaram os índios, que chamavam de filhos, mesmo em seus piores momentos, e acabaram por armá-los com paus de fogo para lutar contra os caraíbas dos campos de Piratininga. Esses deixaram por fim de invadir o Tape, permitindo o retorno das gentes que haviam se refugiado no outro lado do rio Uruguai.

Quando se teve notícia no refúgio do Ijuí que os roupas-pretas e os descendentes dos fugitivos do passado atravessaram de volta o rio Uruguai e fundaram novamente a redução de São Nicolau, Jurema ainda estava viva. Ela compreendeu que, dessa vez, os roupas-pretas iam conseguir o que buscavam no Tape – porque já haviam demonstrado o seu amor pela terra e pelos filhos da terra.

Jurema sonhou um dia com a irmã perdida no Guayrá. No sonho, ela lhe dizia que havia conseguido se salvar atravessando o rio Paraná e se estabelecera em uma missão na Província do Paraguai. Dizia também que, por ter o nome da Virgem de Guadalupe, fora escolhida para representá-la no teatro da igreja, sendo respeitada entre sua gente por isso.

Impressionada com o sonho, Jurema pressentiu que os roupas-pretas avançariam Tape adentro e desta vez não haveria como resistir. Os tempos eram outros, e talvez os mais jovens quisessem trocar a vida rústica e incerta do esconderijo no fundo das matas pelo conforto e a segurança das cidades jesuíticas.

Quando os netos de Nheçu chegaram em São Miguel, os missionários trataram logo de separá-los. A prima mais velha, mãe de duas crianças, foi escolhida por eles para ser a única mulher de Avapoty.

A próxima ação dos missionários foi obrigar os chegantes a mudar de nome e de identidade espiritual através do batismo. Era natural que na hora do seu batismo, a menina separada daqueles que amava e obrigada a negar o que conhecia, não estivesse lá de muito bom humor. Achou o padre um tolo quando ele lhe perguntou se já havia escolhido um nome cristão. Como é que um rezador se atrevia a nomear alguém sem conhecer a sua alma e sem receber a inspiração divina?

Lembrou-se então de sua avó Jurema contando sobre a irmã batizada com o nome de uma santa, e que se dera bem vivendo numa missão. A menina apontou para a santa que estava atrás do padre, no altar. Ana, ele lhe respondeu. E virando-se para olhar a estátua que trouxera da Itália, sorriu e murmurou em contemplação: ... bela!

Rápida, a menina disparou seu novo nome: Ana...bela.

Passou a morar no cotiguaçu. Lá as mulheres cuidavam dos órfãos e doentes, mantinham limpa e arrumada a moradia dos jesuítas, com suas hortas e jardins, e produziam as melhores roupas de São Miguel.

Nos primeiros tempos Anabela ficou triste, com saudade da família e dos carinhos de Avapoty. O padre que a batizara disse-lhe para ter fé em Santa Ana e agradecer a benção de se consagrar à Nossa Senhora. Ele só não contava com a chegada do exuberante Mário.

Quando o viu, Anabela quase não acreditou. Parecia com os anjos das gravuras que os padres faziam os artesãos copiarem. Tinha a pele rosada, os cabelos loiros encaracolados e os olhos da cor do céu. Seu riso tinha o dom de fazer Anabela retornar à infância, quando seu avô Nheçu ainda era vivo e brincava com ela, explodindo em gargalhadas expansivas que sacudiam todo o seu corpo.

E agora o padre Mário estava ali, nu, à mercê de seus carinhos. Embora permanecesse quieto e de olhos fechados, seu membro denunciava o turbilhão que lhe ia por dentro, pulando e se estirando como uma cobra pronta a dar o bote. Anabela imaginou quantas vezes as mãos grandes e fortes de Mário agarraram essa parte rebelde do seu corpo para transbordar o desejo num prazer solitário. Ela o tomou nas mãos e suavemente começou a fazer movimentos ritmados, dando-lhe pequenas lambidas . Mario se contorceu, gemeu, murmurou madre mia. Quando sentiu que ele estava totalmente na sua, Anabela deitou e rolou, sentindo o prazer das peles se roçando, os braços se apertando, as bocas se mordendo.

Abismos dolorosos

Os peregrinos chegam em São Miguel pouco antes do sol se esconder atrás da catedral. Depois de se certificarem que todos estão bem apesar das dores e do cansaço, procuram um lugar para relaxar e celebrar a chegada.

Detonando um sanduíche numa lanchonete, Taiana avalia o que tiveram de enfrentar e conclui que o Caminho das Missões é uma vivência onde aprendemos a cultivar a solidariedade e a desafiar nossas limitações. Espantada com seu próprio desempenho, filosofa: - Somos aquilo que nos permitimos ser.

Maduri fez o trecho final em silêncio. O mergulho nas memórias da infância levou seu pensamento longe, ao mesmo tempo em que o ambiente lhe trouxe recordações. Suas emoções lhe dizem que o interior do Rio Grande se parece com os campos e cidades onde cresceu. Não é pra menos. Os paulistas colonizaram boa parte das terras abandonadas pelos missioneiros vencidos na guerra guaranítica.

A guerra. Ela é sempre contada pelos vencedores, e daí talvez uma das razões de ser tão obscura no restante do Brasil a cultura ancestral.

- O descobrimento que completou 500 anos nos livros de História na verdade já tinha acontecido há milhares de anos, só que o passado desses primeiros brasileiros e reais descobridores foi mutilado da nossa história, o que você acha, Floriano?

- Certamente não interessava aos portugueses reconhecerem e propagarem que cometeram o genocídio de uma raça e a destruição de culturas milenares, como também não lhes interessava admitir que a mais bem sucedida experiência de colonização acontecida nas terras conquistadas era dos espanhóis, concorda Floriano. Mas nesse caso particular dos Sete Povos das Missões e também de outros acontecimentos que pertencem aos brasileiros mas que parecem ficar restritos aos gaúchos, acredito que nós mesmos contribuímos bastante para que a história do Brasil que se passou nas nossas terras permaneça rio-grandense. Regionalizamos demais e nos afastamos dos demais.

Maduri lembra o que tem observado nos jornais locais desde que chegou. Em outros estados do país se faz música brasileira, cinema brasileiro, literatura brasileira, teatro brasileiro, propaganda brasileira. No Rio Grande do Sul se faz música gaúcha, cinema gaúcho, literatura gaúcha, teatro gaúcho, propaganda gaúcha.

- Temos uma identificação histórica e cultural tão forte que dificulta a integração com os outros estados do Brasil e a divulgação de fatos e contextos que são também brasileiros além de rio- grandenses, concorda Hermano.

- Eu acho até que, além das praias de Santa Catarina que a gente tem uma vontade doida de colocar no mapa do Rio Grande, a nossa identificação maior é com os vizinhos de língua espanhola, comenta Taiana. Parece que a gente se entende mais com los hermanos do que com os brasileiros que não fazem parte do cone sul. É só ver o caminho que os primeiros gaúchos faziam. Eles não subiam para o Brasil, eles estavam sempre pra lá e pra cá na fronteira que naquele tempo nem existia, era um só povo com a mesma língua, as mesmas tradições e o mesmo jeito de viver.

Leandro pergunta para Maduri se ela quer conhecer as ruínas de San Ignacio Mini, na Argentina, que oferecem uma boa visão do que foi a arquitetura no tempo das Missões. Ele vai tocar num bar da avenida Costanera durante os feriados de Natal e Maduri poderá ir junto se quiser. Antes que ela decida aceitar o convite, Taiana se levanta e apressa os companheiros para irem tomando o rumo da catedral. A Missa da Terra sem Males vai começar em breve.

Na verdade, a missa ainda demora para começar e quando chegam nas ruínas eles se sentam na grama para esperar e conversar mais um pouco. O assunto acaba sendo a busca da terra sem males e a importância do paraíso perdido no imaginário dos povos da Terra.

- O paraíso perdido é um mito recorrente na memória humana, diz Floriano, e muitas aventuras foram empreendidas em seu nome, assim como muito já se escreveu sobre ele. Quando os colonizadores chegaram e deram com o mito nativo do Yvy Mara Ey, a terra sem mal dos ancestrais, reforçaram o seu próprio mito de que haviam alcançado o bíblico Jardim do Éden. Cristóvão Colombo já dizia em carta aos reis da Espanha que o rio Orenoco era certamente um dos quatro rios citados na bíblia como sendo os limites do Paraíso. Seu cartógrafo assinalava, em mapa publicado em 1515, a entrada do Éden na região que assombrara Colombo, ou seja, o despejo do Orenoco no oceano. Nos anos e séculos seguintes, o Jardim do Éden mudaria algumas vezes de lugar no mapa da América do Sul, segundo o imaginário e a conveniência dos povos. O rio Amazonas figura em várias versões como um dos rios bíblicos e os rios São Francisco e Paraná também costumam ser citados como fronteiras do paraíso. O lugar onde eles nascem, no Planalto Central do Brasil, foi assinalado por diversos autores como o local onde se encontra a fonte da juventude. Nesse mesmo local a capital brasileira foi sonhada e construída.

- E o maracujá ?

- ?

- Vocês não conhecem a história do maracujá? pergunta Leandro , quebrando o silêncio que se fez depois da palestra improvisada de Floriano.

- Pois foi o maracujá, e não a maçã, a fruta que fascinou Eva e corrompeu Adão. Chegou a existir um conflito de interesses entre espanhóis e portugueses sobre a localização do paraíso e seus símbolos. Porque a maçã, a fruta símbolo da tentação bíblica, não era conhecida nos trópicos. Os portugueses escolheram a banana como a fruta do paraíso. Os espanhóis não deixaram por menos, e quiseram situar o paraíso nos Andes. Escolheram a granadilla - que conhecemos como maracujá - para simbolizar a fruta da tentação.

Perto de onde estão os peregrinos, sentados na grama, chega um grupo de indígenas. É a primeira vez que Maduri os vê em carne e osso durante a peregrinação e vai conversar com eles.

Moram ali mesmo, numa reserva a 30 quilômetros da cidade. Vivem do artesanato que mal garante o que comer e até pouco tempo não tinham terras para plantar. Estão melhor agora, que receberam 200 hectares do governo depois de 20 anos de luta. Como foi essa luta? Os Guarani brigam através da palavra, sorri o cacique. Ele acha que uma batalha de alguns séculos começa a ser ganha pelos indígenas, que estão conseguindo fazer reviver sua cultura e vão renascer como povo.

Maduri olha o grande palco ornamentado, a multidão que lota o parque e volta a olhar os sorrisos desdentados e os colares esperançosos dos índios. Já ouviu falar mais de uma vez que as Missões são a bola da vez em matéria de turismo. Mas se rotas e rumos se traçam em nome dos índios, porque eles permanecem excluídos? A herança missioneira está beneficiando mais os filhos dos colonizadores brancos do que os descendentes mais próximos dos heróis de outrora.

Quando chega perto do palco onde vai ser celebrada a missa encontra o grupo de peregrinos recebendo instruções para a sua participação no espetáculo. Eles foram escalados para levar uma grande cruz de madeira até o altar,, ao som do coral.

A missa é esplêndida. A saga dos povos ameríndios é revivida com teatro, poesia, danças e canções. Palavras inspiradas e vozes emocionadas trazem para a mesma praça em frente à igreja onde vivia o povo de São Miguel, as imagens vigorosas e os sentimentos felizes dos povos antigos da América em seu eterno namoro com a natureza.

A cerimônia religiosa escrita em forma de poema pelos Pedros Casaldáglia e Tierra conta como celebravam a água limpa dos rios e o ar puro das montanhas vestidos de luar e plumas, saudando a grande Pacha Mama com a língua das flautas. O poema cantado em coro diz que plantavam palavras como se plantam filhos em aldeias que formavam grandes rodas de amizade, compartilhando os frutos da floresta e respeitando a madeira, o ouro e a prata como enfeites sagrados da mãe Terra. Conheciam a liberdade não em forma de estátua mas em carne humana e se embriagavam de alegria com o guaraná cheiroso da floresta e o caldo revigorante do mate.

O coro monumental canta a chegada de conquistadores de outras terras que vieram rasgando a paz com o fio das espadas e queimando o sossego com o fogo do arcabuz. Escravizaram as almas livres , dobraram os espíritos altivos, vestiram a inocência com roupas de malícia, transformaram a moral em hipocrisia, separaram a amizade entre cercas. Abriram estradas sem saída e sepultaram a língua nativa em covas de silêncio.

Os 90 milhões de ameríndios massacrados são evocados na missa. O coro convoca os povos da América que querem ressuscitar e convida-os a retomarem a marcha dos mortos redivivos, iluminando seus passos com a fogueira ardente da memória nativa e as claras estrelas da terra sem males.

A emoção faz superar o cansaço e os peregrinos não resistem à tentação de invadir o palco com seus cajados e mochilas quando o espetáculo termina. Confraternizam com os integrantes da missa formando um grande círculo de mãos dadas. Felizes como crianças, brincam de roda e trenzinho

Ao se despedir dos companheiros que estão voltando para Santo Ângelo de carro deixando-a na porta da pousada onde vai ficar até seguir viagem para a Argentina, Maduri compreende que o Caminho das Missões é uma vivência singular em várias dimensões. Passado e presente, exterior e interior. Um portal que se abre para novas paisagens através de nossas janelas interiores, um caminho de volta ao lar.

Mas são tantas as emoções que Maduri não consegue dormir. As vozes da missa, as imagens do caminho e as risadas dos companheiros de aventura não saem da sua mente, misturadas com imagens da infância.

Rola pra lá e pra cá na cama, levanta, acende a luz, abre o frigobar e pega uma água, abre a janela e olha a lua.

É pouco mais de meia-noite. Tiago deve ter chegado da aula há pouco. E se? Dentro do seu coração fertilizado pela amorosidade vivida em grupo, brota uma flor de esperança. Se pensar duas vezes, não terá mais coragem. É preciso tentar agora.

- Alô? Tiago, sou eu...

- Não quero falar com você.

O som do fone batendo de volta à sua base provoca um eco estrondoso dentro de Maduri. Não. Ainda não é tempo. Ela se sente cair novamente naquele abismo de dor tão conhecido.

Pensa na relação partida que teve com o pai e na relação também partida com Tiago. Cassiano disse um dia que se Tiago não conseguir perdoar e abrir o coração para ela, provavelmente reproduzirá esse conflito quando tiver um filho. E tudo que Maduri menos deseja é criar uma descendência de ódio e separação.

Sempre se sentiu estranha no ninho familiar. Sabe que os artistas costumam ser mesmo meio desajustados ou como diz seu irmão, ela faz parte daqueles vinte por cento da humanidade que não se conformam. De fato, nunca conseguiu se adaptar à qualquer forma ou família. Saiu da casa da mãe com 17 anos, desistiu do primeiro casamento aos 20. Tinha 23 e um filho quando o segundo casamento terminou.

Tiago ainda nem tinha dois anos quando foi deixado pela primeira vez numa creche, mas o que fazer? Desorientado com a separação, Cassiano foi atrás do carinho de uma antiga namorada em Londres e Maduri ficou só em Sampa, às voltas com fraldas, sopinhas e contas a pagar. Para Tiago, começou uma longa temporada de babás, creches e jardins de infância.

Quando Maduri resolveu fechar o estúdio onde passava a maior parte do tempo, Tiago já pegava sozinho o ônibus da escola e tentava se acostumar com um pai estranho que vinha buscá-lo nos fins de semana. Cassiano estava de volta com uma nova namorada que gostava de crianças. Não estava em seus planos a guarda de um menino de oito anos, mas Maduri foi irredutível ao reivindicar um tempo pra si mesma. Precisava descansar, viajar, conhecer novos horizontes.

Eram apenas três meses de início. Que foram prorrogados para seis. À essa altura, a namorada que gostava de crianças não estava mais com Cassiano. Várias se sucederam e naturalmente nem todas gostavam de crianças, mas Maduri não tinha muito espaço para pensar em outros sentimentos que não os seus, mergulhada como estava na busca de seus próprios horizontes.

Quando voltou para São Paulo depois de passar dois anos meditando nos *ashrams* da Índia e aprendendo as artes da estamparia com os nativos da Indonésia, tinha a certeza de que não cabia mais nas ruas barulhentas e poluídas da grande capital. A calma de uma chácara na cuesta onde havia nascido e se criado foi o que escolheu para viver mas não conseguiu ser escolhida por Tiago. Uma casa bucólica na roça não era um lugar onde um pré-adolescente paulistano quisesse se enfiar com tanta coisa acontecendo na grande cidade e os seus hormônios despertando para o mundo. Ele a culpava por forçar uma separação com as suas opções malucas e preferia continuar morando com o pai.

Tiago não a perdoava nem mesmo nos fins de semana quando Maduri insistia em buscá-lo e dava duro na cozinha tentando fazer as comidas que achava que ele gostava. A fim de castigá-la, o filho se trancava no quarto vendo televisão e jogando videogame, recusando a mesa posta para ficar na cama com sanduíches, ketchup e batatas fritas.

O clima gelou de vez quando Maduri começou a namorar um garotão. Ela gostaria mesmo de encontrar um parceiro mais velho que pudesse servir como um segundo pai para Tiago mas parecia uma sina estar sempre às voltas com homens mais novos e um tanto desorientados como Cassiano fora quando se conheceram. O tempo passava mas Maduri não conseguia aumentar a faixa etária e o senso de responsabilidade dos namorados que descansavam na sua sombra e água fresca, disputando atenção, espaço e dinheiro com Tiago.

A culpa era o carrasco que a condenava internamente e a fazia suportar as agressões e humilhações de Tiago até vergar como uma árvore açoitada pelo vento ou explodir com a intensidade de um raio. Seja qual fosse qualquer das tempestades, só fazia aumentar o abismo que a separava do único parente que lhe restara para conviver, até que nem ele restou. Um dia Tiago foi embora para não mais voltar depois de uma briga em que ela disse coisas das quais se arrependeu quando já era tarde. Estava fazendo quase um ano que ele não a visitava, ignorando suas cartas , quando ela viajou para o sul.

Com a mente cansada de remoer aflições e o corpo exausto pela caminhada, Maduri finalmente adormece. Sonha que está deitada de barriga pra baixo sobre o vazio imenso. Suas mãos agarram a borda de um penhasco enquanto os pés se apoiam no lado de lá de um cânion profundo. Sabe que a situação é insustentável e terá que escolher entre relaxar os braços ou as pernas mas ainda duvida porque existe a terceira opção de soltar os dois ao mesmo tempo e mergulhar no vazio de boca.

Essa era a situação em que se metera por querer fazer a ponte com os relacionamentos partidos da sua vida. É assim que se sente em relação aos chamados entes queridos. Separada deles por um grande cânion. E quando tenta fazer a ponte acaba caindo num abismo de dor.

Domingo

O segredo de Guadalupe

As flores dos maracujás explodem na cerca viva. Aqui uma canela da china, ali um pé de café, lá adiante o limoeiro. No centro do pequeno quintal reina o abacateiro, oferecendo sombra a quem senta no banco de madeira apoiado no seu tronco.

- É ali o meu escritório, mostra Juan. Gosto mesmo é de escrever e ler debaixo das árvores, que nem fazia quando era menino.

Estão na periferia de Dourados e acabaram de chegar de Oikové. Passaram parte da noite numa casa de reza com a família do cacique Setestrelo. Cantaram e dançaram juntos, os índios e os estudantes.

Já é quase uma hora da manhã e apenas a lua ilumina as árvores do quintal.

Cauê tem uma sensação de familiaridade ao olhar a casa pequena com a pintura descascada e o musgo verde subindo nas paredes. São os canteiros em volta da casa que chamam sua atenção. Em círculos de pedra, com as ervas para fazer chá e temperar a comida. Do mesmo jeito que Guadalupe faz em Alto Paraíso.

Cauê colhe alecrim, hortelã e manjericão.

- Para acompanhar o nosso cachimbo da paz, estende ele o macinho verde a Juan.

Depois da revelação do parentesco no café da manhã, Cauê tentou em vão obter informações de Juan sobre a família de sua mãe.

Desde que soube que Guadalupe é feliz em Alto Paraíso e continua vivendo com Fred, Juan não parou mais de sorrir. Aliás, Oikové se tornou um sorriso só. O circo rolou solto o dia inteiro e já não se diferenciava mais entre artistas e público. Famílias inteiras foram para o palco cantar e dançar com seus paramentos e instrumentos. Sempre sorrindo, Juan pediu para Cauê aguardar o momento certo de conversarem. Era o último dia de trabalho na aldeia, no dia seguinte os estudantes iam voltar para Goiás e Cauê chegou a pensar que Juan estava fugindo dele, embora lhe dissessem que o tio era uma espécie de conselheiro em Oikové e muitos aguardavam uma brecha na sua disputada agenda.

Na hora do jantar, antes de irem à casa de reza, Juan convidou Cauê para passar a noite na sua casa em Dourados, quando então teriam mais tranqüilidade e poderiam conversar melhor.

Dentro da casa, as paredes estão caiadas de branco. O único móvel da sala é uma grande estante cheia de livros. No chão, esteiras com almofadas.

Enquanto Juan prepara o chá, Cauê conta histórias de Alto Paraíso. O dia a dia de Guadalupe na máquina de costura e na horta. Os descobrimentos de Fred na Chapada, seu fascínio pelas grandes cachoeiras e as pequenas flores. Tornou-se um mestre de ecoturismo para os guias que viriam depois.

Mas por que estão morando na cidade? quer saber Juan. Fred saiu de Dourados para plantar e viver em comunhão com a natureza. Quando seu pai morreu a família vendeu a chácara do Belém Velho, em Porto Alegre, e comprou uma terra em Dourados. Não se acostumaram com a vida rude da soja e do gado. Rodolfo e a mãe voltaram para Porto Alegre, Fred queria se aventurar mais dentro do Brasil, sonhava com uma agricultura ecológica e um jeito novo de viver.

- Se ele saiu daqui pra viver em harmonia com a natureza, podes crer que conseguiu, diz Cauê. Só que não se tornou um plantador de legumes, ele se transformou num boiadeiro de almas. Acho que meu pai não se acostumaria a ficar preso num só pedaço de terra quando tem a Chapada a seus pés. Ele gosta de andar e de conhecer novas trilhas e novos rios e de levar as pessoas para entrar em comunhão com a natureza junto com ele. Fica feliz quando guia visitantes que chegam estressados e depois de alguns dias caminhando, nadando, meditando e se divertindo, parecem outras pessoas, renovadas de vitalidade.

- Talvez a maioria dos que chegam na Chapada dos Veadeiros com o sonho de viver daquilo que a terra dá, acabe preferindo plantar quintais na cidade e sobreviver de outras coisas, especula Juan. Não é fácil encarar o agreste do cerrado e a solidão do planalto. É preciso um longo convívio, uma boa e sincera camaradagem pra que gente e terra se acertem e produzam riquezas em conjunto.

Nem todos têm a paciência de esperar o tempo necessário, reconhece Cauê. Sabe, alguns moradores mais antigos de Alto Paraíso dizem que esse nome é ao mesmo tempo uma benção e uma tentação. Porque atrai as pessoas que estão em busca de um paraíso particular pra viver e lhes dá a impressão de que já alcançaram isso ao chegarem ali, nada mais é preciso fazer. Basta colocar a sua utopia em prática comprando um lote urbano no Paraizinho, porque esse outro mundo possível já está dentro da gente.

Juan balança a cabeça compreensivamente.

- Eu sinto uma sensação de urgência, Cauê. Vejo as pessoas gastando energia por nada, e me pergunto será que elas não percebem que existe uma dimensão maior da realidade acontecendo aqui e agora? Mesmo entre os que percebem essa outra dimensão, poucos compreendem que essa consciência implica também ação e não só contemplação. Sinto a floresta pegando fogo e tanta vida sendo destruída pela inconsciência da humanidade e vejo tão poucos pássaros humanos a trazerem em seus pequenos bicos gotinhas de oceano para apagar o incêndio.

- Eu sei. Se todos os moradores da floresta trouxessem a sua gotinha do seu jeitinho, conseguiriam apagar o incêndio.

Tomam o chá em silêncio.

Cauê aproveita a pausa para perguntar:

- E minha mãe? Quais eram os sonhos dela quando saiu daqui?

Juan nada responde. Respira profundamente, levanta da cadeira na cozinha e chama o sobrinho para a sala. Na estante, pega uma pasta azul e a entrega para Cauê.

Dentro, estão alguns recortes de jornal já amarelados.

O primeiro recorte, de julho de 81, diz no título que "*CRESCE A SUSPEITA DE ASSASSINATOS*".

"O Ministério Público Federal no Mato Grosso do Sul enviou no início desta semana um representante a Dourados para investigar denúncias de que os índios guarani e caiuá estariam sendo assassinados com simulação de suicídio. Uma das mortes suspeitas já foi analisada com a conclusão de ter sido, de fato,

um homicídio. É o caso do guarani Solano Morales, morto há dois meses na aldeia Oikové. Quando foi visto com vida pela última vez, era arrastado para fora da aldeia por integrantes do Conselho Indígena, que faz o papel da polícia dentro da reserva, e gritava por socorro. Apareceu dias depois "enforcado" num galho fino e com várias lesões corporais. O filho de Solano Morales, o menor Juanito, insiste em dizer que sua mãe, morta na semana passada, também foi assassinada. Ele conta que sua irmã Guadalupe encontrou a mãe enforcada num pé de bananeira, quase ajoelhada, posição em que não poderia ter se matado. Além disso, sua vagina estava ferida e mostrava sinais de estupro.

Correm rumores na aldeia de que o casal teria sido morto em função de uma disputa pela posse de terras, já que o paraguaio assassinado possuía a maior propriedade da reserva e a nascente de sua mata tem sido motivo de conflito com fazendeiros vizinhos que estão invadindo a área com o pretexto de dar de beber ao gado, conforme queixa registrada pelo próprio Solano Morales na delegacia de Dourados. Seu filho Juanito, segundo as mesmas fontes, estaria correndo perigo de vida pelas denúncias que vem fazendo e por estar perto de completar 16 anos, idade em que os índios do sexo masculino conquistam o direito a um pedaço de terra".

Cauê sente um bolo na garganta. Compreende como pode ser difícil falar sobre o passado. Sem nada dizer, passa ao segundo recorte, com o título de *"NOVOS CASOS DE SUICÍDIO ENTRE OS GUARANI."*

"Cinco adolescentes da aldeia Oikové, na reserva indígena de Dourados, ingeriram na quarta-feira pinga misturada com os herbicidas Novacron e Secante. Morreram Lucimara dos Santos, de 15 anos, Sulmira Dias, de 12 e Vanderlei Silva, de 19. Eles chegaram com vida ao hospital da Missão Caiuá em Dourados

mas não resistiram e foram enterrados ontem. Valdirene Barbosa, de 15 anos, e Guadalupe Morales de 14, continuam internadas e recebem tratamento. Segundo o médico responsável, a recuperação das duas sobreviventes será difícil e dolorosa.

O chefe do núcleo da Funai em Dourados informou que os jovens resolveram tomar o veneno juntos. Ele diz que outros suicídios já aconteceram na mesma aldeia e outros poderão acontecer devido ao clima de tensão que predomina com a falta de espaço e de perspectivas de uma vida melhor, principalmente para os jovens".

Cauê chora. Juan começa a contar baixinho sobre os últimos dias de Guadalupe na aldeia, como se falasse para si mesmo.

- Ela ficou vários dias deitada depois que voltou do hospital. Eu sabia que sentia dores horríveis mas não se queixava. Não falava e quase não comia. Andiara era a única pessoa que vinha nos visitar e costumava ficar no quarto com ela, lendo trechos de livros e comentando as histórias. Nessa época os suicídios estavam começando e amedrontavam muito a gente. Nunca foi costume dos Guarani, era coisa nova entre o povo e os mais velhos achavam que se dessem atenção para isso e falassem nisso atrairiam outros casos.

Entre a solidão pelo desaparecimento violento de nossos pais e a vergonha de Guadalupe pela sua tentativa fracassada existia uma cortina de silêncio. A gente estava marcado pela morte e marcado pra morrer ali. Eu sabia quem tinha matado meus pais. Eles já tinham ido longe pra conseguir nossas terras, não iam desistir por causa de duas crianças. Era só uma questão de tempo. Não existia mais vida pra nós na aldeia. Eu sabia que a gente tinha que ir embora mas não tinha idéia do que fazer com Guadalupe. Um menor fugitivo como eu não era a melhor pessoa pra cuidar dela numa situação tão delicada. Foi então que o Fred apareceu.

Ele costumava passar em casa pra pegar umas garrafadas de ervas que a minha mãe fazia e também uma pomada que ela preparava, boa para a mãe dele que sentia dores nas costas. Acabou ficando nosso amigo. Eu já tinha reparado no jeito que o Fred olhava para a Guadalupe quando ela começou a criar peito e se enfeitar, ele perguntou uma vez se ela queria casar com ele quando crescesse. Era uma brincadeira, mas no meu desespero eu pedi ao Fred pra levar a Guadalupe com ele quando chegou em casa e pareceu tão chocado com tudo o que estava acontecendo com a gente. Ele tinha vindo naquele dia se despedir e contar que estava indo para um lugar chamado Alto Paraíso de Goiás, se juntar com um grupo que estava vivendo numa fazenda comunitária perto de um parque nacional, eles praticavam agricultura ecológica.

Fred não respondeu de cara. Ele já sabia da morte do meu pai, mas a notícia da morte da minha mãe e a Guadalupe daquele jeito eram novidade pra ele, ficou muito desorientado. O Fred tinha bom coração e sofria com a situação que via acontecendo na reserva. Voltou depois de dois dias pra buscar a Guadalupe. Ela colocou umas roupas num cobertor e fez uma trouxa. A gente nunca viajava, naquele tempo nem se usava mochila na escola, os cadernos e o estojo ficavam presos com um elástico. Perguntei porque ela não guardava as coisas na sacola de couro que o pai usava quando ia pro Paraguai. A Guadalupe falou então, eu me lembro até hoje da voz rouca diferente do que havia sido, acho que foi a primeira frase inteira que ela disse depois de voltar do hospital. Ela disse que estava na hora de eu botar o pé na estrada e não podia ir de qualquer jeito porque ia sozinho, eu precisava colocar a minha roupa melhor e levar as outras na sacola de couro que tinha feito o caminho com o pai tantas vezes que ia me ajudar a chegar lá na terra dele.

No dia seguinte eu pus a minha melhor roupa; guardei umas coisas na sacola e fui para a fronteira com o Paraguai.

Olho de Shiva

A manhã chega finalmente iluminando a noite escura que atravessa a alma de Maduri. Leandro vai voltar de carro para seguirem juntos rumo a Missiones e não dá para ficar mirando a escuridão da própria esquizofrenia quando o sol chama lá fora.

Ela sabe agora que as ruínas ao longo do Caminho das Missões estão longe de serem simples montes de pedra como pensou de início. Estão impregnadas da vida passada entre as paredes caídas e as praças tombadas.

Andando pelas ruas de São Miguel, percebe que os acontecimentos épicos estão cristalizados na arquitetura das ruas, na arte dos museus e no artesanato das lojas. E continuam vibrando nos corações e mentes dos viventes de agora.

A memória popular parece guardar um tesouro imaterial, como nas histórias que ouve contar dos "enterros ", lugares que servem de abrigo às riquezas abandonadas nas Missões.

No parque onde ficam as ruínas admira os grandes blocos de pedra, alguns podendo pesar até mil quilos, assentados um a um de maneira precisa e sólida. As paredes da antiga catedral foram restauradas. A chuva lavou toda a argamassa de barro que foi usada séculos atrás e uma nova liga foi feita para segurar os blocos de pedra da construção arruinada.

Maduri está sentindo a textura das pedras com as mãos quando um guri se aproxima e pergunta:

- Tá procurando o tesouro, moça?

- Tem um tesouro guardado aqui?

- Tem um túnel que sai daqui e vai até a beira do rio Piratini. Dentro do túnel estão muitas riquezas dos padres, você sabe, aquelas coisas que eles usam pra rezar a missa e pra enfeitar a igreja, tudo feito de ouro e prata e também as moedas que eles ganharam no comércio do chimarrão e dos bois.

O guri parece ter uns doze anos. Maduri quer saber quem escondeu o tesouro.

- Foram os padres. Eles eram muito atacados pelos bandeirantes e acostumaram a fazer esconderijos para as coisas de valor das Missões, porque muitas vezes eles tinham que sair batido e não dava pra carregar quase nada. Lá em São Borja também tem um túnel que nem esse daqui, ele atravessa a praça da igreja e vai dar lá nos barrancos do rio Uruguai. Você tem medo de fantasmas?

- Não. Aqui também tem fantasmas?

-Tem. Às vezes aparece aqui na entrada da igreja uma pessoa vestida de preto, com uma roupa comprida até o pé que nem os padres usam mas que também pode ser de uma mulher, sabe como é, de noite não dá pra enxergar muito direito e ficou a dúvida.

- Você é daqui? Quem te contou essa história?

- Todo mundo na cidade sabe dessa história. Meu pai até já leu ela escrita. A gente mora em São Paulo e veio pra cá porque meu pai tá fazendo uma pesquisa sobre as Missões pra universidade dele, a USP. Você sabia que os padres escondiam ouro em pó dentro das estátuas que os índios faziam, escavando dentro delas e camuflando o pó que nem os traficantes fazem?

- Não sabia que guardavam ouro nelas mas sei que muitas estátuas desapareceram. De tudo o que os índios fizeram ficou só uma parte nos museus.

- Eu sei onde tem uma porção dessas estátuas desaparecidas.

O menino olha atentamente para Maduri a fim de ver o impacto da sua revelação.

Ela faz que não dá muita importância e prolonga o suspense dele, ao mesmo tempo em que procura uma pedra para sentar e continuar a conversa.

-Como você se chama?

- Eu chamo Rodrigo.

- Eu chamo Maduri. Também sou de São Paulo.

- Seu nome parece de índia.

- Quase. É de indiana.

Ela pega um graveto e fica riscando o chão com desenhos. O menino caça uma pedra para sentar e provoca a curiosidade dela.

- Bom, nesse lugar que eu falei tem um fantasma mais real, ninguém chega lá toda hora que nem a gente vai chegando aqui...

- Como assim, um fantasma mais real?

- É que ele fica lá direto, não aparece só de vez em quando que nem aqui, lá é a casa dele.

- Lá onde?

- Direito mesmo ninguém sabe, só o fantasma, porque ele esconde a casa.

- Então como é que as pessoas sabem que as estátuas estão lá?

- Porque não são só estátuas, tem muitas barras de ouro e moedas e coisas tiradas das aldeias, e todo mundo sabe que foi o índio que levou pra lá...

- Que índio?

- Ele chamava Mboroé. Era um cacique, amigo dos jesuítas. Ajudou a construir uma casa sem portas e sem janelas no meio do mato pra guardar as riquezas das Missões, os padres já sabiam que a coisa não tava boa pro lado deles. Foi no tempo final das Missões, quando os europeus não queriam mais os jesuítas por aqui ensinando os Guarani a serem civilizados, eles tinham medo que os índios ficassem fortes demais e fizessem um país independente. Expulsaram os jesuítas das Missões e eles não tiveram tempo de guardar o tesouro na casa que construíram no meio do mato, por isso o Mboroé levou pra lá tudo que ficou pra trás e que ele deu conta de carregar. Eu acho que ele nem se interessava muito pelo dinheiro porque era índio, né, então nem usou nada e tá guardando até hoje o tesouro por ser muito amigo dos padres.

- Como é que ele conseguiu entrar na casa, se ela não tem porta e nem janelas?

- Ele é fantasma, né cara, e fantasma atravessa as paredes, você não sabia? Ele é mágico também e por isso ninguém consegue achar a casa. Às vezes alguma pessoa consegue ver a casa no meio do mato mas quando volta com as ferramentas pra derrubar as paredes, a casa não está mais lá, o Mboroé escondeu ela.

Um homem vem chegando perto deles. Tem mais ou menos a idade de Maduri, talvez um pouco menos. Vem sorrindo, ela acha que deve ser o pai de Rodrigo, contente porque o guri conversador encontrou novos ouvidos para contar suas histórias.

Estão hospedados na mesma pousada. Pai e filho também vão seguir caminho rumo à fronteira. Duda está fazendo um trabalho para a Universidade de São Paulo sobre os deuses e os heróis do povo guarani.

Rodrigo reconhece o músico de cabelos compridos que já viu uma vez na televisão e fica conversando com Leandro quando ele chega na pousada. Convida seus novos amigos para comerem um sanduíche gigante numa lanchonete que descobriu na cidade.

No caminho de volta as estrelas começam a aparecer no céu. Rodrigo tenta identificar o Cruzeiro do Sul. Ficou sabendo que essa é a estrela guia dos gaúchos e quer saber por quê.

- Você assistiu ao espetáculo de som e luzes nas ruínas? pergunta Leandro.

- Claro. É a única coisa que tem pra fazer aqui durante a noite.

- Tudo bem. Então você sabe quem foi Sepé Tiarajú.

- Sei. É o líder dos índios que morreu lutando pra defender as Missões quando os europeus resolveram acabar com elas.

- Conta a lenda que Sepé Tiarajú era um predestinado e por isso nasceu com um sinal na testa em forma de lua. Nas noites escuras, quando os índios precisavam de uma luz para iluminar o seu caminho, e nos combates mais pesados, quando só a fé fazia continuar a luta, o sinal de Sepé brilhava como um lunar guiando os companheiros. A intensidade desse brilho ofuscava os soldados adversários, que se desorientavam no campo de batalha. Quando o líder guarani morreu, derrotado pelos portugueses e os espanhóis que eram muito mais numerosos e bem equipados do que os exércitos missioneiros, Deus teve compaixão desses primeiros gaúchos e levou o lunar de Sepé pro céu na forma do Cruzeiro do Sul, para clarear o caminho dos povos desta terra.

Maduri se lembra do lago Lunar de Sepé da sua infância, um nome que achava bonito mas nunca se lembrara de perguntar para o vô Ângelo ou para a vó Belinha o que eles queriam dizer com isso. Revê os patos nadando no lago que atravessava remando na canoa de madeira pintada em cores vivas, sente outra vez o gosto de leite morno espumando tirado na hora e batizado com conhaque nas manhãs de inverno, entra no varandão onde o tio Caio sentava à noite de bombacha e violão cantando sempre aquela *índia teus cabelos nos ombros caindo negros como a noite que não tem luar.* Como a trança negra da vó Belinha caindo reta pela espinha quase até a cintura, na foto que guardara dela montada na égua malhada. Mui garbosa de calças culote e botas até o joelho, a cabeça levantada naquele jeito dela que parecia bravo mas nem era , só parecia por causa das sobrancelhas grossas e a grande pinta marrom entre os olhos.

Maduri herdara da vó Belinha as sobrancelhas grossas como as de Frida Kahlo. Só não eram mais parecidas com as de Frida Kahlo porque em vez de se juntarem, as sobrancelhas das duas Anabelas estavam separadas por uma pinta marrom. Não tinha mais umas, nem outra. Vó Belinha ficou triste quando ela chegou na fazenda sem as sobrancelhas que eram um traço de união entre as duas. Foram depiladas por uma amiga na noite em que foi jantar na casa do seu primeiro namorado e lhe disseram que a mãe dele gostava de moças finas de rosto delicado. Mais triste ainda ficaria a vó Belinha ao saber que a neta atendeu ao conselho de um médico da capital e deixou que lhe arrancassem com um bisturi a pinta entre os olhos. Será que a vó Belinha gostaria de ver os cabelos negros como a noite que não tem luar ganharem reflexos acobreados com as aplicações de *henna* que aprendeu a fazer com as indianas? Ela que sempre foi constante e sólida como os fenômenos da natureza que via acontecer ao seu redor, entenderia as razões de tantas transformações acontecidas na longa peregrinação em busca de si mesma de uma neta fragmentada pelo caos moderno?

Em vez de brilhar como a de Sepé Tiarajú, a marca da sua fronte sangrava às vezes nos momentos de maior tensão e o médico lhe dissera que o sangramento poderia evoluir para um câncer. Durante anos sentiu falta de alguma coisa entre os olhos, como se um buraco tivesse se aberto ali. Na verdade, a cicatriz da operação deixara uma pequena cavidade que ela sonhava em preencher com uma pedra preciosa embora pensasse que, morando em São Paulo, provavelmente seria assaltada para lhe arrancarem a pedra. Mais tarde se tornou moda entre as mulheres usarem um adesivo brilhante entre os olhos mas Maduri não aderiu à moda porque conheceu o significado do terceiro olho na Índia e soube que ele pode ser prejudicado se for ativado por uma substância inadequada.

Só foi compreender a herança sensível que vó Belinha lhe deixou quando morou na Índia e aprendeu a meditar com a terceira visão. O penúltimo centro vital do corpo humano, que corresponde à intuição e clarividência e antecede ao chacra da iluminação.

Maduri relembra os ensinamentos de Ma Deva, sua mestra indiana.

O ponto entre os dois olhos, chamado *agya chakra* ou olho de Shiva, é uma porta. Num dos lados dessa porta acontece a vida mundana conforme a conhecemos. Do outro lado da porta, se abre um mundo invisível e imaterial. Metade do nosso cérebro está conectado com os centros de energia abaixo do *agya chakra*. A outra metade do cérebro, que permanece sem uso, só é acordada quando se abre o olho de Shiva, que está em sintonia com as energias superiores e permite enxergar as dimensões além da matéria.

A marca usada na fronte pelos indianos, chamada *tilak*, é um lembrete e uma ativação para esse outro mundo invisível. Ela não pode ser colocada de qualquer jeito, e os *tilak* de plástico colorido vendidos nas lojas não têm qualquer base científica, podem até prejudicar a sensibilidade do terceiro olho, alertou Ma Deva. Somente pode aplicar o *tilak* alguém que saiba como localizar o ponto certo, que muda de uma pessoa para outra de acordo com as suas práticas de meditação em vidas anteriores. Após várias experiências, os indianos escolheram há muito tempo a pasta de sândalo para ativar a terceira visão.

Ma Deva explicou que o *agya chakra*, conhecido como glândula pineal no ocidente, desperta o poder pessoal e a força de vontade, permitindo dominar o corpo e os sentidos sem se deixar dominar por eles – o que costuma acontecer com a grande maioria da humanidade, que permanece conectada apenas com os centros inferiores de energia. O olho de Shiva nos permite acessar a verdadeira liberdade, aquela que vem da consciência espiritual. Sem ela, concluiu Ma Deva, acabamos escravos de uma maneira ou de outra.

Maduri soube que a ciência ocidental contemporânea descobriu afinal que os antigos iogues tinham razão. A glândula pineal produz seratonina e melatonina, substâncias que interferem nas emoções. Ao se estimular essa glândula por meio de exercícios e meditação, consegue-se um estado de relaxamento mental que leva à paz interior, ao êxtase e à expansão da consciência – além de possibilitar a projeção de imagens e pensamentos à distância.

Maduri volta o pensamento para as Missões. Seria Sepé Tiarajú uma consciência desperta, guiando o povo guarani com a força de sua intuição e clarividência ?

Sepé Tiaraju entrou para a história como santo guerreiro, consagrando-se como São Sepé entre os nativos. Mas se ele possuía o olho de Shiva, porque perdeu a guerra? Maduri quer saber que guerra foi essa.

As luzes se acendem e os ânimos se alteram na catedral de São Miguel. Está começando mais um espetáculo que se renova todas a noites trazendo para a praça caciques, guerreiros, padres, mulheres e crianças da capital dos Sete Povos das Missões.

Na platéia, os dois espectadores que conversavam animadamente se calam. Duda e Leandro não se entusiasmaram em rever o espetáculo, mas Rodrigo acompanha Maduri para assistir à grande guerra dos brasileiros contra dois impérios estrangeiros. Na falta de pipocas para acompanhar a sessão de "cinema", os dois trouxeram uma caixa de *Bis*.

Corria o ano de 1 754 e as cidades missioneiras se revelavam mais organizadas e prósperas do que a maioria das comunidades que se fundavam nas terras colonizadas.

A força e a riqueza das Missões pagavam pesados tributos à coroa espanhola, em mercadorias e vidas humanas. Além de enviar boa parte de sua produção para a Europa em navios, os índios também morriam lutando pela Espanha contra bandeirantes, colonizadores portugueses e nativos de outras tribos.

As notícias frescas vindas da Europa provocaram espanto e incredulidade em São Miguel. Espanha e Portugal fizeram um acordo pelo qual as terras das Missões Orientais, na região do Tape, ficavam pertencendo aos portugueses em troca da Colônia de Sacramento, mais ao sul do continente. Os índios tinham que abandonar as terras onde seus antepassados viveram desde muitos séculos.

Portugal era a pátria do inimigo branco para os missioneiros, mas a coroa espanhola mandava que eles entregassem para seu inimigo histórico todo o patrimônio que construíram com o trabalho de muitas gerações, mudando-se de mãos vazias para o outro lado do rio Uruguai. Quando os missionários confirmaram a notícia e mostraram-se impotentes para reverter a situação, o espanto e a incredulidade cederam lugar à indignação e revolta. Mesmo os caciques mais cordatos concordaram que as ordens d'além mar, que vinham cumprindo há mais de cem anos, não podiam mais ser aceitas.

Ainda assim, padres e caciques se juntaram num último esforço diplomático para evitar a guerra e a destruição. Todos os líderes dos Sete Povos escreveram cada um sua carta para os reis da Espanha, expondo as razões para não obedecer e solicitando a revisão das ordens impossíveis de serem cumpridas. A coroa respondeu fixando um prazo de três meses para que desocupassem as terras.

- É agora, é agora, presta atenção! Rodrigo cutuca Maduri que ainda não se recuperou da caminhada de três dias e parece meio sonolenta.

- Agora o quê?

- O Che Guevara dos índios!

- Não! Meu povo não é escravo do branco. Esta terra é nossa! Nós a recebemos de Deus e a defenderemos até o último guarani!

A revolta tanto tempo reprimida explodiu afinal.. O alferes José Tiaraju, corregedor de São Miguel, não pôde mais suportar a submissão. Embora sentisse gratidão pelo amor e o zelo dos padres, não gostava de ver seu povo submetido como um rebanho doméstico.

Por isso apreciava tanto as jornadas na mata em busca de erva-mate e as cavalgadas nos pampas atrás da boiada. Via os companheiros confiantes e felizes, novamente senhores de si nessas ocasiões em que ficavam livres da disciplina rígida dos padres e sua supervisão constante. Durante as campanhas feitas para proteger os interesses da Espanha contra os indígenas não cristianizados, José Tiaraju ficava aflito ao ver os guerreiros treinados pela Companhia de Jesus totalmente dependentes das ordens dos padres. E agora, não havia mais quem os protegesse desses mesmos interesses pelos quais lutaram geração após geração.

Enquanto o corregedor se afastava da cidade, deixando para trás a reunião em que os padres anunciavam a resposta do rei às cartas enviadas pelos Sete Povos, um par atento de olhos azuis o seguia.

Esses olhos da cor do céu plantados no rosto moreno da bela adolescente eram um sinal, para muitos moradores de São Miguel, de que Deus havia abençoado a união dos índios com os brancos. Para os padres, esse olhar celestial era a lembrança do pecado.

O filho da índia Anabela e do padre Mário foi criado no cotiguaçu sem o pai, enviado para uma missão sem retorno às reduções do lado de lá do rio Uruguai. Os padres trataram de *trazer o menino sob severa vigilância para que não manifestasse a herança dos ardores amorosos do pai.*

Fizeram com que se casasse muito cedo – e a identificação do menino com seus severos pais adotivos fez com que se tornasse um cristão cumpridor dos deveres e pouco afeito a transgressões. Quando lhe nasceu uma filha de olhos azuis, seu coração não pôde permanecer fechado ao pecado do qual viera. E num rompante de entusiasmo e gratidão, batizou sua filha com o nome da amante do padre Mário.

Anabela se deleitava em burlar a severa vigilância do filho carola, contando suas lembranças do tempo livre que viveu nas matas para a neta. E nunca lhe escondeu as delícias do seu amor com o loiro avô dela.

A jovem Anabela cresceu sem pressa de se casar. Os olhos celestiais e os cabelos ondulados a diferenciavam das outras índias e lembravam às santas adoradas nas gravuras, criando à sua volta uma aura de sedução. Anabela fez da sua uniqueza uma prenda. E se divertia com ela, atraindo e ao mesmo tempo repelindo quantos quisessem desfrutar da sua beleza singular. Enquanto jogava, sondava o horizonte em busca de alguém que a fazia desejar brincadeiras mais sérias.

Por isso mantinha os olhos cravados no corregedor José Tiaraju, chamado simplesmente de Sepé entre os nativos, enquanto ele montava seu cavalo e galopava para fora da cidade. Ela gostava de acompanhá-lo com os olhos desde menina. Existia algo nesse guerreiro que o fazia parecido com as histórias que sua avó contava sobre os rebeldes do Ijuí e a resistência que ofereceram à invasão dos caraíbas.

Anabela sabia até para onde estava indo Sepé, porque já o seguira de longe até o seu refúgio favorito na beira do rio. Ele gostava de sentar-se numa pedra ao lado de uma das quedas maiores para meditar. Algumas poucas vezes levou com ele uma mulher e Anabela quase morreu de ciúmes. Sua avó lhe contara que, antigamente, as índias não eram ciumentas, mas com o novo costume dos homens escolherem uma só mulher e ficarem com ela para sempre, a disputa se tornara grande.

Sentindo que Sepé estava só e amargurado, Anabela tratou de arrumar um cavalo para ir atrás dele. Quando chegou em seu refúgio, ele estava atirando pequenas pedras nas águas do poço da cachoeira, como se quisesse arrancar, lavar e levar de si a raiva que sentia.

Ela se aproximou lentamente. O corpo de Sepé brilhava ao sol, que se refletia nas gotas d'agua que respingavam da cachoeira. Num impulso, Anabela tirou a roupa e se atirou no poço. Enquanto nadava, temia ter provocado a fuga dele para outro lugar onde pudesse estar sozinho.

Não. Sepé Tiaraju continuava brilhando ao sol. Mas não atirava mais pedras no poço onde Anabela flutuava radiante, abrindo o melhor dos seus sorrisos.

Em poucos minutos, ele estava nadando ao seu lado. A menina jogou a sua cartada final. Atraiu Sepé com os olhos e o sorriso, chamando silenciosamente com a força do seu tesão, deixando que os corpos se tocassem para então fugir rindo. Brincou assim um pouco até que Sepé relaxou e riu também. Recomeçaram o mesmo jogo de atrair e fugir até que o imã invisível que se formou entre eles não os deixou mais se afastarem. Fundiram-se num só corpo dentro d'agua.

Nadaram até a margem e se deitaram na areia. Era a primeira vez que Anabela se entregava completamente nos braços de alguém. Mas não houve tempo para preâmbulos amorosos como sonhou que seria. Sepé a penetrou quase que imediatamente e ela recebeu em cheio o turbilhão de emoções que o envolviam e a envolveram também, desfazendo-se em frenesi, clímax e silêncio.

Depois que a respiração de ambos voltou ao normal, ela foi a primeira a falar. Perguntou se era verdade que eles teriam que ir embora. Sepé respondeu que, para isso acontecer, teriam que passar por cima do seu cadáver.

O respingo gelado da cachoeira fez Anabela estremecer. Ela se aconchegou mais em Sepé. No dia seguinte, ele partiu para se encontrar com outros chefes dos povoados missioneiros, convocando todos para a grande batalha.

Após tantos anos de acomodação vivendo sob a tutela pacífica dos padres e se entregando às ordens dos europeus quando lutavam em nome da coroa, os índios não sabiam como criar uma resistência armada contra os dois impérios - Espanha e Portugal - que se aliavam para expulsá-los. Os jesuítas que já estavam sendo mal vistos na Europa por sua dedicação aos nativos do novo mundo, se abstiveram de tomar iniciativas para enfrentar seus chefes.

Pouco antes de chegar a ordem da desocupação do território dos Sete Povos, uma outra ordem viera dos mesmos senhores - o desarmamento dos índios. O que foi cumprido, pelos mesmos padres que, com seus excessos doutrinários, já haviam transformado guerreiros em crianças.

Sepé Tiaraju propôs o uso de táticas de guerrilha, alertando que um combate tão desigual não podia ser travado através de confronto em campo aberto. Mas os padres que permaneceram nas reduções defendendo a pátria missioneira, não delegaram o poder de comandar o exército para o líder de São Miguel mas sim para o cacique Nicolau Neenguiru, que acreditava não ser preciso fazer planos ou armar estratégias porque "na hora do aperto Deus nosso Pai não haverá de faltar para seus filhos, nós pobres índios, assim como ensinaram os nossos paizinhos na terra".

Os 30 Povos possuíam mais de 30 mil índios em condições de lutar . Só os Sete Povos dispunham de 12 mil guerreiros e podiam agregar ainda outras tribos para defenderem as terras onde também viviam charruas, minuanos e genoas. Apesar dos esforços de Sepé Tiarajú para criar uma resistência armada, os chefes não conseguiram chegar a um consenso sob o comando omisso de Neenguiru.

Os portugueses chegaram preparados para expulsar os missioneiros e demarcar as novas terras de Portugal. Possuíam quase dois mil soldados portando armas de fogo e de aço e transportando canhões potentes com muitos barris de pólvora. Sepé Tiarajú conseguiu menos de quinhentos guerreiros com lanças, arcos, flechas e uns canhõezinhos de taquaruçú do tipo que se acabavam no primeiro tiro.

Os índios atacavam de surpresa , se escondendo no meio da mata e voltando a atacar, intimidando os soldados europeus que não conheciam o território e ficavam sitiados no quartel. Baixavam a moral das tropas e os estoques de alimentos. A guerrilha durou quase um ano até que o comandante português propôs uma trégua e, falando em nome da paz, assinou um armistício. Os indígenas não sabiam disso, mas era o tempo que os portugueses precisavam para que os guerrilheiros nativos relaxassem a vigilância enquanto o exército estrangeiro se reabastecia, se rearmava e aumentava as tropas.

Era o tempo que Anabela precisava para ser feliz.

Enquanto Sepé lutava longe do conforto de São Miguel, ela ansiava por lhe fazer companhia. Como não soubesse quanto tempo duraria a guerra, começou a se preparar para combater ao lado dele.

Sua intuição lhe dizia que era essencial saber lidar com os cavalos. Porque talvez não lhe permitissem sair em campo para lutar por ser mulher, mas se soubesse tomar conta dos animais enquanto os guerreiros descansavam entre as batalhas, talvez lhe permitissem ficar por perto.

Desde menina Anabela amava os cavalos, que lhe davam uma grande sensação de liberdade. Gostava de galopar contra o vento, sentindo os cabelos voarem e o corpo pulsar de prazer. A paixão pelos cavalos fora um dos motivos que a fizeram olhar mais longamente para Sepé desde menina. Ele também era um apaixonado pela liberdade das cavalgadas.

Quando Sepé voltou para São Miguel, tiveram tempo para cavalgar juntos e conversar sobre a guerra. Anabela era toda ouvidos para os grandes lances das batalhas que seu amor lutara. Ele riu quando ela lhe disse que estava se preparando para lutar também, mas não deixava de lhe ensinar tudo o que sabia sobre os cavalos, pressionado e impressionado pela insaciável curiosidade dela.

Quando os índios perceberam que armistício não significa paz e que palavra de branco tem duas caras, já era tarde para Anabela combater ao lado de Sepé. Sua barriga começava a inchar e seus dias amanheciam enjoados quando a falsa paz dos europeus foi quebrada afinal.

Juntos, Espanha e Portugal atacaram com quase quatro mil soldados, vários canhões e muitas carretas com explosivos. Sepé continuava com seu nem meio milhar de guerreiros armados primitivamente.

Apesar da disparidade, os índios conseguiram dar uma canseira nos soldados europeus e irritar bastante os comandantes. Até que, no meio de uma batalha, Sepé Tiarajú foi ferido e morreu.

Os chefes indígenas desorientados se uniram em torno de Nicolau Neenguiru, que armou um exército com imagens de santos. Quase nem chegaram a montar os cavalos excelentes que possuíam , preferindo seguir a pé para a coxilha de Caaibaté, onde se mostraram abertamente aos inimigos. Quase dois mil índios rezaram diante dos soldados atônitos, pedindo a Deus e seus santos que os protegessem como os padres haviam ensinado.

Após rezar, os índios foram mortos. Tombaram mil e quinhentos guerreiros na última grande batalha da guerra guaranítica.

Almas sobreviventes

Como se mata um povo?

Essa é a pergunta que deve ser feita. Porque um povo não se acaba com a destruição de corpos físicos. Expulsar um povo de suas terras é matá-lo sem derramar sangue, assim como humilhar um povo até fazê-lo sentir vergonha de suas origens também é matar. Um povo se acaba mesmo quando matam a sua alma, diz Juan Guarani para o sobrinho que acorda revoltado, após dormir chorando.

Antes de se despedir de Cauê que viaja na manhã de domingo, Juan lhe dá de presente os conselhos recebidos do líder indígena Marçal de Souza, quando esteve em sua casa na fronteira com o Paraguai , logo após o assassinato dos pais.

Marçal lhe dissera para ficar atento e descobrir as várias maneiras de se destruir a alma de um povo, a fim de combater todas elas e tornar indestrutível a alma do povo guarani. Essa seria a melhor forma de vingar a morte de seus pais.

- Essa pode ser a melhor maneira de honrar a memória de seus avós e o sofrimento de sua mãe, relembra Juan para Cauê.

A mágoa do sobrinho o faz recordar a mágoa que sentia quando fugiu de Oikové . Sozinho em sua casa após a partida de Cauê com os estudantes, Juan recorda a influência decisiva que recebeu de Marçal de Souza. O líder peregrino que viajava pelo mundo defendendo a causa indígena, amigo de intelectuais famosos, orador capaz de arrebatar multidões e comover o próprio papa, ex-vice-presidente do CIMI – Conselho Indigenista Missionário e um dos fundadores da UNI – União das Nações Indígenas, morava numa casinha de palha por ele mesmo construída na aldeia Campestre, numa das reservas mais pobres do Estado, fronteira de Mato Grosso do Sul com o Paraguai. Foi ali que recebeu seu jovem amigo Juanito, quando este chegou revoltado e determinado a voltar um dia para vingar a morte dos pais.

Juanito conheceu Marçal ainda criança, quando o líder morava na reserva indígena de Dourados. Assim como tantas outras famílias, a de Juanito por vezes ia à casa de Marçal aos domingos. Ele abria as portas nesse dia a quem quisesse conversar e discutir os problemas comuns. Marçal foi capitão do Posto Indígena de Dourados e promoveu o retorno de muitas famílias desaldeadas que viviam na periferia das cidades e nas fazendas. Incentivava a lavoura comunitária e o trabalho em forma de mutirão, promovia a cultura indígena estimulando a realização de festas tribais, criticava os usos e costumes da moda que desvirtuavam as tradições de seu povo.

Foi acusado de comunista, subversivo, agitador. Desentendeu-se com a FUNAI - Fundação Nacional do Índio, e renunciou ao cargo de capitão , reassumindo a função de enfermeiro profissional e permanecendo como um conselheiro e uma espécie de cacique informal. Até que a sua influência sobre os nativos incomodou demais. Num certo dia de 1974 foi agredido e espancado, enquanto sua casa era invadida, seus objetos pessoais vasculhados e destruídos, inclusive o livro que estava escrevendo. Sua família deixou a casa sob ameaça de ser queimada viva junto com ela.

Proibido pela FUNAI de voltar para a reserva de Dourados, Marçal foi para a aldeia Tey Kuê, a 50 quilômetros dali, onde continuou a denunciar as agressões dos fazendeiros locais e o descaso da FUNAI com a situação. Foi transferido novamente, desta vez para o povoado distante na fronteira. Às vezes aparecia na Missão Caiuá, em Dourados, trazendo doentes da sua aldeia para se tratarem no hospital Porta da Esperança, que ajudou a fundar.

Foi numa dessas idas e vindas que Juanito o reencontrou – na noite que passou em vigília no hospital à espera de notícias de Guadalupe e dos amigos que tinham se envenenado com ela.

Duas meninas suicidas estavam grávidas. Haviam sido vendidas temporariamente para homens brancos. A cada morte anunciada, Marçal e Juanito choraram juntos. Nessa noite, o líder confessou sua grande frustração: não ter começado antes a luta pela causa indígena. Marçal lamentava não ter mais o vigor da juventude mas mesmo assim prosseguia denunciando o roubo e a venda indevida de madeira, erva-mate e gado das reservas, e agora, a venda de meninas entre 12 e 15 anos.

Quando chegou em Campestre, buscando apoio para atravessar a fronteira, Juanito trazia o coração cheio de dor e ódio. Ao mesmo tempo em que achava que deveria voltar para se vingar, repugnava-se com a idéia de destruir os parentes que sabia haverem sido coniventes com o assassinato de seus pais pela cobiça das terras. Comentou com Marçal a história que leu num livro sobre o guerreiro Arjuna, na distante Índia de muito tempo atrás. Ele hesitava em ir para a guerra porque teria que enfrentar sua própria família na luta, então o deus Krishna lhe apareceu dizendo que os corpos não importam por serem apenas invólucros, ele que cumprisse o seu destino de guerreiro porque as almas é que valem e são imortais, elas não podem ser destruídas numa batalha.

Marçal concordou com Krishna mas lembrou a Juanito que as batalhas não se travam mais em campo aberto como naquele tempo. As armas também são outras. Os índios Minuano, uma tribo lá do sul, viraram nome de vento. Os Paiaguá, que dominavam os pântanos matogrossenses, viraram nome de empresa. Onde estão os donos desses nomes? Desapareceram. Ou melhor, foram desaparecidos. Existem muitas formas de matar um povo e outras tantas formas de manter a sua alma sobrevivente até que um dia um conjunto de almas sobreviventes possa fazer reviver um povo inteiro outra vez, disse Marçal.

Contou então a Juanito que nem sempre havia valorizado a cultura guarani. Batizado na aldeia em que nasceu com o nome de Tupã'I , que significa pequeno deus, ficou órfão aos oito anos de idade. Foi criado por missionários e treinado em liderança cristã, cultura bíblica e oratória. Durante muito tempo pregou a religião que lhe ensinaram os brancos. Foi a partir do contato com antropólogos que o procuravam como intérprete e guia para visitar as aldeias de Dourados que começou a prestar mais atenção na história do seu povo. E foi especialmente um amigo, o antropólogo Darcy Ribeiro, quem abriu os seus olhos para a grandeza guarani. O antropólogo dizia nunca ter conhecido nada mais alto do que a espiritualidade guarani e a partir das viagens e conversas que tiveram é que Tupã'I reconheceu a glória e a riqueza perdidas no tempo e se propôs a lutar com todas as forças para resgatar a cultura de seu povo e a sua crença em si mesmo.

Naquele julho de 81 em Campestre, ele sabia que seu tempo estava se esgotando. Já havia sido ameaçado de morte pelo envolvimento no conflito entre a aldeia Pirakuá e um fazendeiro vizinho que insistia em invadi-la. Disse saber que a história indígena seria escrita com o sangue de muitos líderes, mas um dia seriam vitoriosos. Porque ele também sabia que outros viriam com o mesmo amor e idealismo para continuar o trabalho.

Essa fé eu deixo com vocês, sorriu Tupã'I, e deu de presente a Juanito uma flauta e uma frase que recebeu de sua primeira professora, na Missão Caiuá:

" Quem tem o ideal nas estrelas, pisa nas pedras e não sente".

Durante o exílio no Paraguai, estudando a cultura guarani, Juanito aprendeu que a flauta possui um som maior e mais forte do que parece a princípio.

Vó Dolores lhe contou que os ensinamentos sagrados da tradição guarani estavam guardados em algumas poucas aldeias que conseguiram escapar da dominação imperialista, permanecendo fiéis aos valores mais profundos da sua cultura. Vó Dolores conhecia uma dessas aldeias e para lá encaminhou Juanito quando a sede dele de saber se tornou mais forte do que a capacidade dela de saciá-lo.

Na aldeia escondida nas matas paraguaias onde conheceu o belo saber do seu povo, Juanito aprendeu a entoar os sete tons sagrados do ser.

Para o povo Tupi, o corpo humano é uma flauta que toca a música da vida expressando o ser que mora nele. Os sete tons essenciais do ser correspondem à escala musical e aos sete centros de energia vital do corpo.

A matéria se manifesta na raiz da espinha e o espírito se manifesta na parte superior da cabeça. Entre estes dois pólos há estágios intermediários de consciência – mais densos quando a força vital desce e mais sutis quando a força vital sobe.

O som Y é a raiz. Vibra o padrão terra do ser e se manifesta na base da coluna. As energias que emanam desse padrão irradiam solidez e reafirmam que temos os pés apoiados na terra. A música que corresponde a essa vibração nos faz mexer as pernas e bater os pés no chão.

O som U vibra o padrão água, é o umbigo que nos liga às nossas emoções e fica na altura do sacro. Esse nível de consciência traz a sensação de fluidez. Manifesta a sexualidade e regula o corpo emocional.

O som O corresponde ao padrão fogo, anima a vitalidade do ser e mora no plexo. Governa a assimilação da comida pelo corpo e sua transmutação em energia. É a luz criativa que flui do centro do ser, a fonte do poder que fornece energia para criar e realizar, estando pronta para nos reabastecer e acolher de volta em casa quando queremos descansar.

Esses três sons – Y, U e O - são os tons terrenos.

O som Á é o intermediário entre os três tons terrenos e os três tons espirituais que vêm a seguir. O Á expressa o padrão ar e vibra os sentimentos, fazendo a união entre a terra e o céu , o exterior e o interior do ser. Mora no coração e pulsa no ritmo da nossa vontade de compartilhar o amor.

O som E vibra na garganta e liberta a alma. Ele se expressa na fala sagrada do ser. Os quatro sons anteriores possuem qualidades que se manifestam no espaço dos quatro elementos – terra, água, fogo e ar. A manifestação do quinto som se dá no éter – ou quintessência, como era chamado pelos alquimistas. É a base originária e o ponto de retorno de cada elemento, podendo assumir qualquer das suas qualidades.

O som I vibra na terceira visão invisível, a região entre os olhos. Expressa a intuição e a percepção interior. É a morada do pensamento, onde experimentamos o fluxo de imagens mentais e idéias abstratas. O pensamento é tão poderoso que se materializa através do éter. Portanto, aquilo que pensamos acontece. Para criar qualquer coisa, é preciso pensar nela primeiro. Quando o espaço entre os dois olhos se abre, nos faz olhar para dentro, para aquilo que é eterno. Esse nível de consciência faz a ligação com o sétimo e último som, que é o Silêncio.

O sétimo som nos traz a compreensão além da mente. Essa compreensão está em consonância com o pulsar da vida, sendo tão expansiva que vai além das estrelas. Esse padrão de consciência chega quando nos tornamos mestres da mente, não mais dominados por ela, porém aptos a usá-la como o instrumento que ela foi feita para ser. Quando a alma atinge a flor sagrada que fica um palmo acima da cabeça, o ser transmite profunda sabedoria e um sentimento de bem aventurança que vem da união com a própria fonte e com toda a vida.

O sétimo centro vital é o único que permanece além da morte. Adquire uma expressão física e volta a mergulhar no desconhecido quando morremos. A noção do espaço e do tempo é transcendida – predomina o aqui e o agora.

Segunda-feira

Fogosa Anabela

E os índios que sobraram, o que fizeram? pergunta Rodrigo no banco de trás do carro a caminho de Missiones, ainda impressionado com a guerra guaranítica.

- Eles se desorientaram e se dispersaram, responde Leandro. Orfãos de líderes, com suas cidades e seu modo de vida detonados, começaram a vagar sem rumo. Como já havia acontecido antes em momentos difíceis, o êxodo para o oeste pareceu o caminho natural. Foram para as bandas da Argentina, do Paraguai, do Mato Grosso. Alguns ficaram por aqui mesmo. O mais absurdo é que os dois impérios pouco tempo depois desfizeram o trato que haviam feito e os Sete Povos voltaram a pertencer à Espanha. Os índios não precisavam mais se mudar. Mas aí já era tarde. A guerra já havia feito a sua destruição. Também os jesuítas caíram em desgraça na Europa, sendo expulsos de todas as colônias espanholas e portuguesas. Os europeus achavam que eles ousaram demais ao criar uma população nativa auto-suficiente.

Param em São Nicolau. Maduri se impressiona com as esculturas formadas por pedras e árvores entrelaçadas na praça. Pouca coisa sobrou da antiga redução. Como nos outros lugares, o restante das construções foi reutilizado nas cidades em redor das ruínas para erguer as casas e os prédios dos novos colonizadores.

Ficam sabendo que não dá para atravessar de balsa para a Argentina. É domingo e o serviço de balsas não está funcionando assim como o museu da cidade não está aberto. Terão que mudar os planos e atravessar a fronteira em São Borja.

Ainda é um bom tempo de viagem. A caminho de São Borja, Duda fala de Andresito Artigas, o último herói missioneiro. A resistência indígena incorporou esse novo líder 50 anos depois de Sepé Tiarajú.

- Ele nasceu em São Borja, a única cidade entre os Sete Povos que não foi destruída na guerra guaranítica porque serviu de base para os exércitos aliados. Batizado como filho adotivo do revolucionário José Artigas, o índio Andresito lutou pelo ideal da Pátria Missioneira. Ele se articulou com os republicanos e liderou durante anos um movimento de guerrilha contra a opressão dos imperialistas. Acabou sendo preso e morreu no Forte de Santa Cruz, no Rio de Janeiro, três anos antes da independência do Brasil.

- Sabe o que todas essas guerras me deram vontade de fazer? pergunta Rodrigo.

Duda olha para ele apreensivo. O menino ri.

- Andar a cavalo. Eu só fico ouvindo as histórias de gente galopando por aí e eu aqui sem sair desse carro.

- Conheço uma fazenda na fronteira que aluga cavalos. A nossa programação de conhecer hoje as ruínas de San Ignacio Mini já foi para o espaço, vamos chegar quase de noite na

Argentina. Se todos concordarem, a gente pode dar uma esticada pra cavalgar um pouco, convida Leandro.

Rodrigo fica doido. A oportunidade de andar a cavalo como queria é tentadora demais.

Leandro prefere procurar cordas novas para o violão e calibrar os pneus do carro antes de atravessar a fronteira. Duda nunca andou a cavalo e nem tem vontade de experimentar. Sobra Maduri para acompanhar Rodrigo e cavalgar na fazenda. Ele permanece irredutível quando ela tenta explicar que há muitos anos não anda a cavalo. Falou demais no carro e contou da sua amizade com Cigana. Se aprendeu a montar uma vez, então está na memória, garante o menino.

Maduri segura as rédeas do cavalo castanho que lhe dão garantindo ser manso e fala baixinho com ele, pedindo permissão para montar. É a segunda vez desde o acidente na Estância Santo Antônio, há tanto tempo atrás, que se arrisca. Da primeira vez, não deu certo. E agora?

Respira profundamente e monta. Coloca as mãos no pescoço do cavalo e sintoniza sua respiração com a dele. De olhos fechados, espera que mulher e montaria se tornem um único compasso, uma só vibração. Lentamente toma as rédeas e pressiona o animal para seguirem em frente. Trota um pouco a fim de se experimentarem. Quando já estão bem acochambrados, libera as rédeas e pressiona o flanco, convidando ao galope.

O sol quente do verão abrasado pela emoção do momento deixa Maduri brilhando de suor. O vento amigo que o galope traz refresca o corpo e abre uma corrente de ar na sua alma, escancarando janelas do passado onde se debruçam gerações de mulheres. A meditativa Maduri se transforma então na fogosa Anabela, que vem cavalgando com as mulheres da sua família ao longo dos séculos.

O último ato de rebeldia dos Sete Povos foi praticado contra os próprios missioneiros, num derradeiro protesto que exauriu suas forças.

São Miguel ardeu dia e noite com o incêndio provocado pelos moradores que não se conformaram em entregá-la viva, linda e fresca para os conquistadores. O fogo que destruiu casas, oficinas e plantações, consumiu também as últimas energias do povo de São Miguel.

Perambulando sem lar à mercê dos colonizadores espanhóis e portugueses, ou oprimidos nas Missões decadentes e degradadas, os indígenas não se importavam mais com nada – a não ser com a luta diária pela subsistência. A vida passou a valer tão pouco que aprenderam a morrer com indiferença. Assim como os guerreiros entregavam seus corpos nos campos de batalha, não importando a favor de quem lutassem, suas mulheres também se entregavam seja para espanhóis, seja para portugueses.

Ambos os impérios se consideravam os donos de tudo. Fraternos na hora de lutarem contra os nativos, no tempo da paz não se entendiam e continuavam brigando entre si. Os povos sob o seu domínio eram joguetes nessas disputas e rodavam pra lá e pra cá que nem peões de um complexo jogo de xadrez palaciano que fugia à sua compreensão. Os Sete Povos das Missões eram a prenda mais cobiçada. Antes, pela posse das terras. Depois da guerra guaranítica, a disputa era pelos corpos dos sobreviventes.

Para as mulheres, uma nova guerra começava. O amor feito entre risos e carinhos se tornou quase uma lenda. Desde muito cedo as crianças pequenas se acostumaram a dividir os seios das mães com estranhos ávidos de sugar, morder e arranhar.

Para a namorada do líder morto em combate, era inconcebível a idéia de ser tocada pelos assassinos do único homem que amara. De início, refugiou-se na catedral, achando que os invasores respeitariam a casa de Deus. Quando percebeu que eles não respeitavam nada, teve a idéia de tornar-se simplesmente indesejável. Cortou os cabelos rente à cabeça e vestiu uma batina preta que escondia todo o seu corpo. Para disfarçar a delicadeza do rosto e das mãos, arranhou-se com espinhos e sujou-se com fuligem. Na grotesca figura que criou Anabela só guardou, dos velhos tempos, o brilho celestial dos olhos azuis. Eles pareciam caminhar sozinhos nas noites escuras de inverno, quando o vulto negro saía do seu esconderijo na mata para abrigar-se do frio na catedral.

Durante o dia, Anabela cavalgava pelos campos, conversando com os cavalos. Foi essa amizade antiga que a sustentou e ao seu filho José, garantindo- lhes a sobrevivência e o respeito dos homens, que pararam aos poucos de querer saber o que se escondia por trás daquele estranho disfarce. Pois Anabela era a melhor amansadora dc cavalos da região, e seus serviços começaram a ser procurados pelos tropeiros que arrebanhavam os animais abandonados pelos jesuítas para levá-los a São Paulo. Um próspero comércio começava a se formar a partir do espólio das Missões devastadas.

Assim como outras crianças, José assistiu a muitos horrores num curto espaço de existência. Mas o horror maior foi perder sua mãe na catedral de São Miguel Arcanjo, quando a cobra grande os acossou. Pois a cobra grande resolveu morar justo ali, ameaçando as crianças pequenas que vinham buscar refúgio com suas mães na igreja.

Numa madrugada fria em que a cobra grande estava pronta para dar o bote no franzino José, Anabela teve um rasgo de energia, sacudindo o torpor que a dominava em mais um inverno desesperançado: deu um pulo e colocou-se entre a cobra e o filho, gritando e apontando para o sol que nascia além da porta aberta da igreja:

- Vai, José!

O grande encontro

Ativistas ameríndios

De: caue@chapadanet.com.br
Para: radioparaiso@chapadanet. com.br
C/ cópia: radioawaete@douradosnet.com.br
Assunto: rumo ao FSM

"Buenas, indiada do centro- oeste,

Chegamos na cidade de São Paulo depois de ficar uma semana retirados no PETAR - o parque das melhores cavernas paulistas, no Vale do Ribeira . Foi fantástico. Fizemos vivências de ecoturismo e de expansão da consciência. Cantamos, dançamos e conversamos. Penetramos uma caverna com rios e lagos interiores, atravessamos passagens estreitas com estalactites quase tocando em nossas cabeças. Foram muitas emoções e discussões que criaram a força do grupo pra chegar em Porto Alegre e participar da loucura do Fórum Social Mundial.

Formamos um grupo de ativistas ameríndios, artistas e educadores. A maioria é da América Latina, mas temos também indígenas do Canadá e dos Estados Unidos. Nosso grupo vai promover oficinas, fazer palestras e participar de seminários sobre arte, cultura indígena e ecopedagogia no Fórum.

Estarei mandando pra vocês relatos do Fórum Social Mundial e a nossa participação nele. Vou gravar muitas entrevistas com as figuras mais interessantes que encontrar para ir ao ar quando chegar aí de volta no Planalto Central. Me aguardem!"

O grupo de ativistas tem um dia livre em São Paulo antes de seguir viagem. O motorista que vai levá-los para Porto Alegre marcou encontro numa casa de forró em Pinheiros.

O salão começa a encher ao mesmo tempo em que os viajantes começam a chegar. A curiosidade de uns e de outros faz a saída do grupo atrasar mais de duas horas, deixando aflita Shama, uma morena de olhos claros descendente dos índios hopi norte-americanos. Está no Brasil há três meses e faz parte da organização internacional em defesa dos direitos humanos que articulou junto com Juan Guarani a formação desse grupo especial que representará várias nações indígenas no Fórum Social Mundial.

Veio dar no Brasil, como ela diz, refugiada, fugindo da repressão nos Estados Unidos. Tem visto seus companheiros que protestam contra a violação dos direitos humanos e a truculência do governo norte-americano serem discriminados, humilhados, presos sem culpa formada ou simplesmente desaparecerem.

Shama apelidou o grupo de ativistas que ajudou a formar de tribo do arco-íris, inspirada na profecia do seu povo que diz ser chegado o momento do retorno de antigos guerreiros, encarnados em pessoas de várias cores e raças para acordar as tradições ancestrais adormecidas e ajudar na transição rumo a um novo mundo de amor e paz.

Uma das motivações de Shama para o trabalho voluntário que está realizando é aprender com los hermanos do sul a prática da resistência. Porque os americanos do norte nunca se organizaram como resistência, diz ela, não tentam empreender revoluções populares, não enfrentam golpes de estado explícitos e diante da ditadura imperialista que ajudaram a criar, sentem-se impotentes. Ela acha que a opinião pública do seu país é a mais manipulada do mundo e nunca foi tão difícil acordar um gigante entorpecido pelo próprio sonho que se transformou em pesadelo.

Em seus primeiros dias de Brasil, Shama pedia às pessoas que conhecia para não espalharem por aí que ela é dos Estados Unidos. Tem medo do anti-americanismo que sabe estar crescendo no mundo. Com o tempo e a convivência, foi aprendendo a relaxar com os brasileiros. Até se apaixonar pelo seu colega de trabalho.

Juan se diverte com a tietagem da colega mas prefere ficar na sua. Já passa de meia noite quando todos se acomodam com suas bagagens no ônibus fretado e Juan não senta ao lado de Shama como ela gostaria. Procura a companhia de Cauê, que está exausto de multidão. Nunca esteve numa cidade tão grande assim e apesar da admiração que sentiu em vários momentos, não troca o sossego do seu interiorzão por essa correria toda.

Cauê dorme logo no começo da viagem. Sonha que chegam em Porto Alegre e não encontram lugar para ficar. A cidade está lotada. Só lhes resta estacionar na rodoviária e dormir num banco ali mesmo. Acorda pegando fogo. Alguns meninos riscaram um fósforo e jogaram no seu blusão.

Acorda assustado, desta vez no ônibus.

Conta o que sonhou e Juan não gosta do que ouve. Sabe que os sonhos não acontecem por acaso.

- Você está com medo de ser rejeitado? pergunta para Cauê.

Como não? Além de ser filho de índia, nasceu em Goiás. E os goianos, conforme Cauê pôde observar várias vezes, não têm o peito estufado como os gaúchos, pelo contrário: eles costumam se retrair diante dos forasteiros. Pensa em Alto Paraíso e no invisível muro que existe entre nativos e chegantes. Por ser nativo filho de chegantes, ele circula entre os dois mundos e pode sentir as diferenças de uns com outros. Sabe que os goianos enfrentam barreiras internas para aceitarem os forasteiros e ao mesmo tempo encontram dificuldade de se impor culturalmente. E isso não acontece só no interior. Lembra da viagem com o grupo da universidade de Goiânia, quando terminaram os trabalhos na aldeia e ganharam um dia de folga para conhecer Bonito. Convidaram os colegas da universidade matogrossense para ir junto, mas eles não quiseram ir.

- Se a gente fosse de São Paulo ou de Brasília, vocês iam junto, lamentou Bia na hora. Mas como a gente é só de Goiás...

Brasília, sempre a referência e a comparação. Essa nave cosmopolita pousada no coração de Goiás, essa ilha urbana cercada de realidades sertanejas por todos os lados. Os brasilienses se esquecem de olhar para os lados e às vezes se assustam e não entendem como é que um governador Roriz foi acontecer nas suas vidas. Cauê pensa Brasília em voz alta e Juan, ainda impressionado com o pesadelo do sobrinho, acha que ele está lembrando dos meninos que puseram fogo no índio Galdino de Jesus numa parada de ônibus na W3 sul.

- Acompanhei todo o noticiário do julgamento e sinceramente não tenho raiva daqueles meninos, diz Juan. Acho que eles foram o bode expiatório para os assassinatos de milhares de índios que vêm sendo cometidos há séculos por todos os cantos do país e permanecem na impunidade. É muito mais fácil jogar a imensa culpa de toda uma sociedade omissa sobre os ombros de quatro meninos que cederam a um momento de barbárie do que enfrentar os poderosos que planejam em detalhes e mandam matar as lideranças indígenas, oprimindo as aldeias até levar famílias inteiras à degradação e à morte.

Algo incomoda Juan. Quando saiu de Dourados, a ocupação da fazenda Santa Fé estava enfrentando problemas. Apesar da cordialidade de Túlio de Castro quando começaram as negociações, o fazendeiro entrou com todos os recursos na justiça para expulsar os índios de suas terras. Uma liminar a seu favor já havia sido expedida, mas os acampados preferiam resistir e lutar pelo reconhecimento e demarcação dos seus limites territoriais.

Na hora do almoço, param em Santa Catarina. Enquanto os outros se divertem na praia, Juan telefona para Dourados. Há uma semana não tem notícias de lá. Fica sabendo que a ocupação da Santa Fé resultou num confronto entre índigenas e trabalhadores da fazenda. O cacique Setestrelo foi espancado até morrer. Outros dois índios desapareceram e suspeita-se que possam ter sido mortos também. A polícia está procurando os corpos perto do local onde o cacique foi encontrado. Sabe-se ainda que a construção da casa de reza que os acampados haviam começado a fazer, com eucalipto e palha, foi incendiada.

As notícias deixam Juan que nem louco. Ele quer voltar para Dourados no primeiro avião, ônibus ou trem que tiver. Os companheiros de viagem não deixam. Dizem que ele tem um microfone do tamanho do mundo pela frente para denunciar a morte desse cacique e de tantos outros que estão sendo mortos há séculos. É tempo de soltar a voz das nações indígenas. Não é hora de se meter numa história policial, justo agora que ele está com a palavra armada na mão. É o momento de botar a boca no mundo para terem mais respeito pelos índios, não só aqueles da sua tribo, mas de todas as tribos. Deve confiar naqueles que ficaram em casa, que eles botam ordem na casa.

Os companheiros de viagem convencem Juan a ficar. Isto é, embarcar para Porto Alegre.

A viagem perde a graça. As notícias de morte fazem cada um se voltar para si. Juan fecha os olhos e se entrega à saudade do amigo de tantos anos.

Fizeram muita coisa juntos. A escolha de Setestrelo para cacique aconteceu pouco tempo depois da volta de Juan a Dourados. Setestrelo tinha 25 anos na época e sua escolha era uma tentativa de estimular os mais jovens que haviam perdido o saber e o fazer. As lideranças antigas estavam viciadas num processo político corrupto e não representavam mais os interesses da aldeia. Setestrelo foi apoiado por professores nativos como Juan que, através da educação, adquiriam uma visão mais abrangente, abrindo um novo espaço de atuação na sociedade externa e um novo canal de diálogo dentro da comunidade. Resgataram o aprendizado da língua e da cultura guarani na escola, num árduo trabalho de convencimento. Na época, muitos pais não entendiam isso, achando um retrocesso e uma perda de tempo seus filhos se envolverem com um conhecimento ultrapassado. Com apoio do governo popular, construíram casas de reza, uniram a aldeia em torno de projetos coletivos de agricultura, implantaram programas emergenciais como cesta básica e bolsa escola. Aos poucos, estavam conseguindo fazer que as pessoas saíssem do individualismo para uma prática mais coletiva. Algumas associações foram criadas e Juan constata agora o quanto a comunidade cresceu nestes últimos anos. As pessoas estão começando a correr atrás dos seus direitos e a desenvolver o senso de participação.

Por tudo isso Setestrelo foi morto.

Juan não esquecerá jamais do dia em que se encontraram na catedral de Dourados e iniciaram a amizade que os uniria em diversas frentes de batalha.

A igreja estava lotada naquele 3 de dezembro de 1983 com personalidades vindas das mais diversas regiões do País. Nunca se viu tanta comoção na catedral. Lá estavam representantes de várias entidades de classe e associações civis, lideranças indígenas, antropólogos, missionários, professores, estudantes, políticos. Também estavam lá vários índios das aldeias locais que desobedeciam à decisão da Funai de proibi-los de participar do ato público e da missa ecumênica que se realizavam em memória do grande líder assassinado.

Entre os índios desobedientes estavam os adolescentes Setestrelo e Juan Guarani, este recém chegado do Paraguai para estudar em Campo Grande. Trabalhava na casa de uma família de missionários em troca de hospedagem, alimentação e algum dinheiro para comprar livros. Quando soube do acontecido, pegou a estrada mesmo sabendo que era cedo ainda para voltar a Dourados.

Entre as falas adultas dos que prestavam a derradeira homenagem àquele que foi considerado o maior intelectual do Mato Grosso do Sul, ouviu-se de repente a voz infantil de Setestrelo.

- Estou muito triste...quando eu era pequeno e vivia na rua, fiquei doente e ele me curou na Missão Caiuá. Foi a primeira pessoa que me falou pra ter orgulho e não vergonha de ser índio, me deu coragem para estudar e trabalhar. Meu coração está muito triste porque perdi o meu melhor amigo.

Juan, que mantinha o coração fechado e os olhos secos desde a notícia do assassinato, não agüentou mais e finalmente chorou. Um tiro na boca e quatro tiros em outras partes do corpo haviam calado para sempre a voz de Tupã'I, o pequeno deus guarani conhecido internacionalmente como Marçal de Souza.

Dez anos depois, Juan Guarani e Setestrelo estavam juntos em Ponta Porã, participando do grupo reunido em vigília em frente ao tribunal onde se julgava os acusados pelo assassinato de Marçal de Souza.

O processo fora fraudulento e tumultuado. Idas e vindas em várias instâncias, sumiço de provas, transferência de autoridades e o constante deboche do principal acusado marcaram um processo que, apesar das evidências e provas, só foi a julgamento por muita pressão das entidades indigenistas e organizações internacionais em defesa dos direitos humanos.

Durante o julgamento, Juan e Setestrelo viram o fazendeiro mandante do crime sorrir desdenhoso com a mesma prepotência de dez anos atrás, quando justificara o crime dizendo que Marçal era apenas um bugre pretensioso. Apesar das acusações que pesavam contra ele, o proprietário da fazenda vizinha à aldeia Pirakuá continuou ao longo desses dez anos de processo, grilando terras e infernizando a vida dos indígenas com ameaças. Contra essas práticas Marçal lutara e morrera.

Ao tomar conhecimento da formação do corpo de jurados, Juan e Setestrelo compreenderam antes do final do julgamento que toda a batalha para que se fizesse justiça havia sido em vão. Os escolhidos para formar o júri eram amigos e parentes do fazendeiro acusado.

Amargurado, Juan relembra o famoso discurso de Marçal de Souza na recepção ao papa, durante a visita que ele fez ao Brasil em 1980. Tupã'I denunciou na ocasião o assassinato impune de várias lideranças indígenas. Quando o papa retornou ao Brasil em 1991, recebeu das mãos da filha dele um documento elaborado pelas entidades indigenistas, relacionando mais 140 assassinatos de líderes indígenas ocorridos desde a denúncia pública feita por ocasião de sua primeira visita, inclusive o assassinato do próprio líder que o recepcionara há 11 anos.

Mata-se um povo mas não se matam seus ideais. Eles permanecem no inconsciente coletivo dos sobreviventes e podem rebrotar a qualquer momento.

Ainda ressoavam os ecos da República Guarani quando nasceram os ideais nacionalistas.

Simon Bolívar lançou seu brado libertador junto aos povos da cordilheira, pregando o orgulho pela cultura indígena e a libertação da dominação colonialista. José Artigas convocou índios, brancos e mestiços para criarem juntos uma pátria livre na antiga Colônia do Sacramento, a região mais meridional das Américas. Andresito Artigas percorreu o território da República Guarani clamando pela Pátria Missioneira, que seria ligada por laços federativos à República Oriental do Uruguai pela qual seu pai lutava.

A mestiçagem rolava solta nas duas bandas do rio Uruguai. Os índios já não eram os únicos nativos da bacia do Prata. Formou-se uma nova natividade mista de índios, espanhóis, portugueses, negros e paulistas. Os novos nativos eram chamados de gaúchos.

- Eia, guri, pegue lá a xucra querendo desgarrar! Um biriva de vergonha não deixa mula pra trás!

José montou veloz, pronto para resgatar a mula que teimava em se atrasar. Ele se determinara a mostrar que era um tropeiro de verdade, apesar da pouca idade. Já se sentia um homem dos pampas desde que vestiu o uniforme dos tropeiros - camisa escura de pano grosso, no mesmo tom do chapéu de abas viradas, poncho e botas.

Os filhos de tropeiros começavam a viajar com os pais a partir dos 10 anos. O primogênito de João Pedro pela primeira vez o acompanhava na lida de trazer do Rio Grande os animais que seriam vendidos em São Paulo e Minas Gerais.

As relações entre a província de São Paulo e a província de São Pedro do Rio Grande haviam mudado consideravelmente. Os bandeirantes já não mais invadiam o território missioneiro para aprisionar os índios e levá-los como escravos para o Planalto de Piratininga. Muitos de seus descendentes haviam comprado terras no sul, e as caravanas agora eram compostas por seres viventes mais lucrativos do que haviam sido os escravos: a gadaria e a cavalhada deixadas para trás pelos jesuítas expulsos procriavam nos pampas e os animais eram arrebanhados para suprir as necessidades de alimentação e transporte nas fazendas do sudeste e nas minas do centro-oeste. As mulas suportavam mais peso do que os índios e os negros, e um comércio fluente se fazia ao longo do caminho das tropas.

Os jesuítas foram os pioneiros nos primeiros traçados desse caminho. As tropas acabaram se tornando o primeiro meio de transporte e comércio no Brasil, unindo a região sul ao sudeste e centro-oeste. Além de animais e mercadorias, os tropeiros também transportavam cartas e notícias, encomendas e recados.

Budas Alegres

E agora, o que fazer?

Maduri está há quatro dias na PUC de Porto Alegre trabalhando na instalação do Fórum Social Mundial e acha que se precipitou ao aceitar o convite para integrar voluntariamente a equipe que vai recepcionar os participantes.

Sente saudade do sossego da chácara na cuesta paulista, se estressa com a vida corrida de Porto Alegre e com a tensão de saber que vai lidar com milhares de pessoas. Estará exposta o dia inteiro a uma porção de gente que não conhece e a vocação para eremita que assumiu nos últimos anos se constrange.

As salas e corredores da PUC ainda estão vazios. Tempo de férias, nem mesmo os bares e restaurantes estão abertos. Dentro do prédio onde trabalham, a loucura já começou. Uma grande quantidade de telefonemas, emails, faxes e visitas preliminares de todo o tipo de gente querendo saber de tudo, pedindo providências, solicitando serviços, fazem Maduri achar que não vai dar conta, é melhor desistir. Mas como dizer isso ao grupo com quem está trabalhando? Como deixar as pessoas na mão numa doideira dessas, depois de já terem montado as equipes?

Dividida entre os apelos do seu bem estar e os deveres da cidadania, lembra que não há nada mais parecido no momento com a busca de uma terra sem males do que esse outro mundo possível que o fórum quer debater. O mundo de amor e paz que virá depois do apocalipse na visão dos profetas só vai existir se for construído agora. Lembra-se das palavras que ouviu tempos atrás, longe dali.

O lugar onde se concentrava o círculo de pessoas vestidas de branco estava iluminado com velas. No restante do salão o luar refletia o piso de mármore branco.

Era verão na Índia. Fazia calor e o cheiro de dama da noite entrava pelos espaços vazados na grande estrutura de vidro rodeada de jardins.

Uma mulher forte e morena chamou por Anabela e colocou um colar de contas no seu pescoço. As contas que correspondem às técnicas orientais de meditação.

Ela disse que a casa onde Anabela se encontrava com seus companheiros de busca espiritual seria a sua escola de mistérios. Ali, todos estariam irmanados na procura do paraíso interior e ali aprenderiam que a sua verdadeira morada é o coração do mundo.

Existe muito sofrimento e muita escuridão no coração do mundo, disse Ma Deva olhando nos olhos de Anabela e segurando nas suas mãos. Os irmãos de lugares distantes que sofrem no escuro precisam receber os ensinamentos que temos o privilégio de conhecer. Não podemos nos fechar em nossos pequenos paraísos. Precisamos voltar para o mundo onde impera o desamor e a tristeza pra revelar este outro mundo de amor e alegria que sabemos existir.

- Este novo batismo será uma senha que abrirá portas no teu caminho espiritual. Que o anseio de comunhão com o todo seja a estrada que te leva pra casa, sorriu a mestra para sua nova discípula. Maduri é teu novo nome na língua nativa do Oriente. Na tua língua significa Beleza Sublime.

Ma Deva abriu os braços e acolheu no seu peito farto a emoção da renascida Maduri. Ambas ficaram longo tempo abraçadas e a seguir, um a um, os integrantes do círculo de branco também abraçaram a nova companheira afetuosamente, deslizando a seguir os pés descalços no piso de mármore refletido pelo luar. Maduri se juntou aos robes brancos que rodavam e dançou o seu renascimento à luz do luar.

Passou um tempo em retiro no *ashram* indiano freqüentado por buscadores de vários países. Eles estavam ali no Oriente, assim como Maduri, em busca do elo perdido com a espiritualidade na correria materialista das cidades ocidentais. Professora de filosofia na universidade de Nova Delhi, Ma Deva foi muitas vezes convidada a dar palestras no Ocidente. Percebeu o grande abismo cultural que havia entre orientais e ocidentais e a necessidade de integrar essas duas partes da aldeia global antes que fosse tarde demais. Tratou de reunir os melhores expoentes da cultura oriental, buscando práticas para interpretar o conhecimento védico, tibetano, budista, taoísta. Esse time escolhido criou técnicas de meditação apropriadas para o estilo ocidental de viver, resgatou antigas artes com novas expressões.

Os discípulos não tardaram a chegar de todas as partes e com ajuda deles Ma Deva e sua equipe multidisciplinar construiram uma multiversidade para formar pensadores, criadores e curadores holísticos.

A celebração da vida se tornou uma das tônicas da multiversidade. Ma Deva e sua equipe apostaram na alegria como um dos melhores caminhos para se atingir a paz. A música e a dança faziam parte das atividades diárias, e a irmandade que se criou ali ficou conhecida como Budas Alegres.

Quando Maduri desceu da colina onde viviam os Budas Alegres e voltou para a civilização em Bombaim soube que seu pai havia morrido no outro lado do mundo.

Lembrando de Carlão na varanda de seu quarto em Porto Alegre, Maduri sente que o coração compassivo do pai aprovaria o caminho que ela está trilhando e se decepcionaria se desistisse agora. Não foi tão longe e nem enfrentou tantos desafios para ficar no meio da estrada. Fechando o janelão da varanda, se prepara para dormir. Precisa estar descansada no dia seguinte a fim de receber os guerreiros da paz que já começam a chegar em Porto Alegre.

Magos da palavra

O grupo de artistas e educadores ameríndios chega a Porto Alegre no começo da noite. A lua crescente anda alta no céu, iluminando o Parque da Harmonia, onde começa a se instalar a cidade alternativa dos jovens de todo o mundo que vieram participar do Fórum Social Mundial.

Faltam três dias para começar o grande evento e ainda há bons lugares para acampar. Previdente, o grupo indígena escolhe e prepara espaços que não serão facilmente inundados pelas chuvas de verão que prometem vir para refrescar um pouco o calor sufocante.

Os equipamentos e acessórios eletrônicos que trouxeram vão para um apartamento alugado na Cidade Baixa, onde será instalada a central de comunicações do grupo, com telefone, fax, computador, conexão para internet e televisão. Assim estarão ligados às suas bases sem depender da estrutura do fórum. A grande tenda branca que trouxeram para abrigar as atividades ritualísticas será montada na praia, em frente ao Acampamento da Juventude.

Cauê está impaciente para ir na beira do rio. As melhores lembranças da temporada que passou na terra do seu pai estão no Guaíba.

Desde criança ouvia Fred falar dos barcos, pescarias e mergulhos no grande rio de Porto Alegre. Acostumado com as nascentes da Chapada, onde não se navega e pouco se pesca, Cauê criou na imaginação a maior água da sua vida. Quando se viu frente à frente com o rio dos seus sonhos, prendeu a respiração. Chegando mais perto, o deslumbre se transformou em susto.

Pai, o que fizeram com o teu rio?

Nunca vira águas tão escuras nem mesmo quando a chuva carregava enxurradas de barro para dentro dos rios da Chapada. E também nunca sentira um cheiro tão forte emanando das águas.

Pai...não vai dar nem pra pegar peixe, pai...

Até que deu. Fred conhecia lugares onde o Guaíba estava limpo e era seguro pescar. Alugaram um barco com um pescador antigo da região e foram para Itapuã. Pescaram piava, traíra e grumatá. O dono do barco lhes falou das tainhas, bagres e corvinas que chegam do mar pela Lagoa dos Patos. Então Cauê deu fé que o pai não inventou história de pescador. Era tudo verdade o que ele contou.

Além de pescar pela primeira vez, o menino assistiu à sua primeira regata, se encantando com os veleiros coloridos deslizando ao vento e as histórias antigas do solitário farol que marca a divisão de águas entre o Guaíba e a Lagoa dos Patos. Agora, ele espera sinceramente que a multidão que começa a chegar e a montar uma cidade de tendas ali na margem tenha carinho com o rio do seu pai.

Já são quase dez horas da noite e o grupo fez sua última refeição na estrada, às três da tarde. Shama reúne todos para irem jantar e se preocupa com Juan, que permanece surdo e mudo desde que soube dos acontecimentos na fazenda Santa Fé. Cauê já conhece esse trágico silêncio de outros tempos e diz para Shama que Juan precisa ficar em paz com seus mortos.

Sentando na praia de frente para o rio, Juan mergulha em suas ondas interiores evocando outras águas, em outros tempos. Seu pensamento vai dar no rio Paraná, quando viveu nas aldeias paraguaias e conheceu a fala sagrada dos Guarani. Soube então que, conforme haviam profetizado os *karai*, o espaço já abraçava o amanhecer do novo tempo e as almas voltavam a encarnar para fazer circular a palavra de Tupã nos corações.

Quando deixou o Paraguai para voltar ao Brasil, o menino Juanito ficou na aldeia dos ancestrais. Quem cruzou a fronteira de volta para o seu país foi o guerreiro Juan Guarani.

Em profunda meditação diante do Guaíba, ele invoca a proteção dos heróis do seu povo. Reza pedindo força para a tarefa que irá executar nos próximos dias.

Quando a primeira luz do alvorecer se anuncia, Juan agradece ao Guaíba a companhia que lhe fez durante a noite. Vira-se de frente para o nascente e contempla a cidade que acorda. Muitos chegaram de noite e novas barracas se armaram no Parque da Harmonia. Da praia, Juan Guarani eleva seu falar para Namandu, o Pai Sol que nasce abençoando a cidade.

- "Namandu, pai verdadeiro primeiro!
você o primeiro existente
fez de suas palavras as normas futuras
sobre a terra dos adornados.
E, sobre as terras dos adornados também,
você fez de suas palavras as normas futuras deles.
Eis-nos confiantes em você,
Namandu, pai verdadeiro primeiro!

Do fluxo de suas palavras
você envolve os não pouco numerosos
pais futuros de seus filhos.
E os abriga na totalidade
de sua morada no alto
para os que, belamente,
se lembram de você.

Para você se ergue nosso clamor.
Que aos excelentes ofereçam seus filhos
palavras em abundância!
Que entre a totalidade das coisas
que sobre a terra se levantam
pronunciem em abundância as palavras
seus numerosos filhos de grande coração.
E para que isso aconteça venho perturbá-lo.
Namandu, pai verdadeiro!'"

Quando entrou em contato com a fala sagrada do seu povo, Juan Guarani *aprendeu que a palavra não é apenas som ou símbolo – é principalmente força e poder.*

Os Guarani possuem o desejo de transcender a condição humana e sua linguagem é uma expressão desse anseio. As palavras devem ser dignas de serem dirigidas aos divinos.

Apenas os humanos, entre todos os habitantes da terra, receberam o dom divino da palavra, capaz de expressar a criação e manifestar a realidade. Sonhos, pensamentos, sentimentos e vivências são manifestados através da palavra – o instrumento da magia. Essa magia pode ser boa ou má. Pode expressar verdade ou mentira, criar beleza ou feiúra, provocar alegria ou tristeza, manifestar amor ou ódio.

Somos todos magos manipulando o encantamento da palavra, mas poucos de nós temos consciência disso. E o grande problema dessa inconsciência é que a civilização moderna transformou a palavra em magia negra. O mundo atual está construído em cima de mentiras e o poder da palavra se voltou contra os seus habitantes. O medo e o sofrimento se tornaram a matéria prima dos meios de comunicação e o mexerico e a fofoca são o assunto principal na sociedade humana, reflete Juan Guaraní, caminhando pelas ruas de Porto Alegre após jejuar e orar diante do Guaíba.

Juan pensa na necessidade urgente de reverter essa feitiçaria que a humanidade praticou contra si mesma. Quer usar a palavra para difundir o amor, a beleza e a verdade. A busca de uma terra sem mal e a criação de um outro mundo possível começam por devolvermos à palavra sua dignidade.

Flores para Aurora

A beleza do ritual e as palavras iluminadas de Juan Guarani ainda brilham no coração de Maduri quando ela volta pra casa no raiar da aurora, após meditar, cantar e dançar na grande tenda branca montada pelo grupo de ameríndios na beira do rio.

Eles terminaram de armar a tenda na tarde do seu primeiro dia em Porto Alegre. Quando o sol começou a se por nas águas douradas, sentaram-se em silêncio diante do espetáculo da natureza, ouvindo a flauta de Juan acordar os sete tons do corpo astral.

A noite trouxe o som dos tambores e das maracas. Várias pessoas que também armavam suas tendas ali perto ou que passavam pela beira do rio foram se chegando.

À meia noite, quando Maduri saía de uma festa na cidade jovem que crescia no Parque da Harmonia e ouviu os tambores ecoando, já não cabia mais ninguém dentro da tenda. Ao chegar perto e ficar por ali, ouviu Juan Guarani falar para uma platéia atenta e silenciosa.

Ele dizia que o mundo moderno sofre uma grave crise existencial porque as pessoas perderam o fio da vida. Esqueceram ser a continuação de um fio que nasceu há muita tempo e tece uma grande teia ao longo das gerações. Esse conhecimento é sempre lembrado pelas culturas nativas e por isso elas não cultivam a angústia que produz crises existenciais. Vivem o momento presente enraizadas no passado e livres das projeções sobre a incerteza dos tempos. Os povos nativos sabem que fazem parte da grande teia da vida, onde todos estão entrelaçados, e o futuro é um fruto coletivo desse grande tecer. Quando a gente sabe ser continuador de uma história, quando a gente sabe de onde veio e porque está aqui, nos responsabilizamos por nossos atos e respeitamos os outros seres que também fazem parte da mesma teia.

Ao ouvir Juan, Maduri se lembrou de Ma Deva e do seu empenho em resgatar a cultura ancestral do Oriente.

A Índia construiu sua cultura ao longo de 20 mil anos. Sucessivas guerras e invasões não foram capazes de quebrá-la, mas bastaram 200 anos de ocupação e colonização do Império Britânico para que muito do conhecimento milenar perdesse o seu significado. As classes dominantes aderiram a novos usos e costumes para moldar uma nova identidade de acordo com a cultura colonizadora, criando uma grande lacuna na cadeia de conhecimentos da sabedoria ancestral.

A força de uma civilização está na sua longa cadeia de conhecimentos, disse Juan Guarani à platéia reunida na praia do Guaíba. Essa é a grande diferença entre o mundo animal e a humanidade. Os animais não têm como transferir conhecimento de uma geração para outra. Quando um animal nasce, sua vida começa do mesmo patamar onde seu pai começou. A humanidade, através da educação, pode ajudar as crianças a começarem de onde seus pais terminaram. O progresso vem da educação, há uma continuidade e uma evolução do conhecimento acumulado e transferido de geração para geração.

Juan falou da cultura indígena e da importância das artes nas nossas vidas para realmente vivenciarmos uma educação criativa, integral e livre. Disse que o conhecimento indígena não é conhecido justamente por ser transmitido oralmente e se expressar através de artes artesanais. As populações nativas fazem parte dos recursos naturais do planeta e precisam ser preservadas porque são as guardiãs de culturas ancestrais, representando uma riqueza insubstituível.

Maduri compara as palavras de Juan com os seus próprios sentimentos. Sente-se uma pessoa mais inteira depois que fez o Caminho das Missões porque entrou em contato com o fio invisível que tece a grande teia. Conhecer a identidade dos ancestrais lhe deu uma sensação de pertencimento que nunca havia experimentado antes.

Ao mesmo tempo em que a peregrinação pela terra gaúcha a tornou mais brasileira, lhe deu também uma compreensão maior da sua própria busca pela cultura milenar do Oriente. Sabe agora que, seja com o nome de samadhi, nirvana ou terra sem males, as culturas nativas preservam da memória dos tempos o sentimento da unidade onde tudo faz parte do todo.

O sol já está nascendo atrás dos prédios quando Maduri vai chegando em casa, na zona sul de Porto Alegre. Inspirada pelo som dos tambores e pelas cores da aurora, ela se transporta às lendas da sua infância, na cuesta de Botucatu.

Carlão gostava de pegar a estrada bem cedinho quando subiam a cuesta rumo a São Paulo. *Para espantar a sonolência das crianças e tirá-las da cama na madrugada fria, ele costumava relembrar a história do Gigante Deitado e apressá-las para estarem diante dele quando a Aurora chegasse.*

Carlão contava para os filhos que o Gigante Deitado, uma formação de morrotes que se elevam na cuesta criando a imagem colossal de um homem dormindo, foi um grande guerreiro que morreu por amor.

Itaguassu deixou um dia a sua taba e tomou o rumo das montanhas distantes onde cresciam as flores douradas que eram guardadas pelo endiabrado Anhanguá. Avisos não lhe faltaram sobre o perigo que corria, desafiando o próprio Curupira, que era aliado de Anhanguá. Mas Itaguassu, um guerreiro apaixonado, insistiu em buscar as flores douradas para fazer uma coroa e ofertá-la à rainha de sua vida, a bela Aurora.

Ele partiu com a lua crescente alumiando a cuesta. Prometera voltar em poucos dias mas a lua encheu e depois foi ficando fininha e nada de Itaguassu voltar. Quando a luz do luar sumiu de vez no céu liberando o negror nas matas, Aurora se convenceu de que alguma coisa dera errado . Esperou a lua crescer novamente e, não agüentando mais de ansiedade fugiu da taba, tomando o mesmo rumo de Itaguassu. Depois de muito andar e penar, Aurora encontrou finalmente o seu amor, transformado em montanha pela magia de Anhanguá.

Com os narizes achatados de encontro ao vidro embaçado do carro, as crianças aguardavam ansiosas a visão do Gigante Deitado nas voltas da serra de Botucatu. Elas queriam vê-lo no momento em que a Aurora despertasse mais uma vez ao lado do seu amado. Acreditavam que Aurora adormecia depois de muito chorar, orvalhando as matas com suas lágrimas. De manhã, quando o sol começava a se anunciar, ela despertava e, com as mãos transparentes de nuvens, penteava a farta e vasta cabeleira verde do seu amado, trazendo as luzes de todas as cores do arco-íris na esperança de vê-lo abrir os olhos.

Estrela boiadeira

- Paraíso FM, 20 horas e 25 minutos. Vocês estão sintonizados no programa Criaturas da Noite e acabaram de ouvir um rock inédito da banda Nata Violeta e um sucesso inesquecível do mestre Raul Seixas. Estamos diretamente plugados no Fórum Social Mundial que acontece em Porto Alegre e vamos ouvir agora o nosso enviado especial que nos manda notícias de lá.

Fala, Cauê.

- Uau, Criaturas da Noite, isto aqui está o bicho. Uma fauna biodiversa invadiu hoje as ruas do centro de Porto Alegre na grande Caminhada pela Paz que reuniu mais de cem mil pessoas vindas de muitos países para debater as alternativas de um novo mundo. Foi uma coisa de louco.

A caminhada reuniu jovens, adultos, velhos e crianças, vanguardistas e tradicionalistas, governantes e governados, profissionais liberais e assalariados, religiosos e ateus, intelectuais e índios.

As bandeiras brancas do movimento mundial pela paz abriram a passeata que se transformou na maior escola de samba que já se viu. Os Tambores da Paz deram o ritmo inicial. Várias baterias e diversos grupos desfilaram tocando, dançando e cantando suas mensagens para um mundo melhor. Em cada uma das esquinas do trajeto, os excluídos e os inconformados do mundo soltaram a sua voz e celebraram a sua apoteose.

Os movimentos sociais agitavam bandeiras de todas as cores, as organizações exibiam cartazes em diferentes línguas. Um grande planeta azul brilhava ao sol, carregado por muitas mãos.

Sinto que esta onda de energia transformadora que estamos vivenciando em Porto Alegre vai se propagar em ondas pelo mundo inteiro. E por falar em energia, quem está cheio dela é o nosso companheiro Juan Guarani, de Mato Grosso do Sul, que não pára de falar e promover encontros que estão emocionando as pessoas e trazendo mais consciência pra nós.

Alô, alô, rádio Awaeté!

O Juan está denunciando a continuidade e o agravamento de um processo secular de colonização e opressão que conta com a cumplicidade dos poderes executivo, legislativo e judiciário. Ele diz que uma inexplicável lentidão permeia as ações governamentais na demarcação das terras indígenas, que continuam a ser invadidas com a matança das lideranças nativas sem que a justiça se pronuncie. Pelo contrário, são cada vez mais freqüentes as decisões judiciais que favorecem indivíduos e grupos econômicos interessados na exploração das riquezas das terras indígenas. Esses mesmos interesses econômicos articularam um poderoso *lobby* junto ao Congresso Nacional para aprovar projetos de lei que restringem os direitos dos indígenas e liberam seu território para o agronegócio e a mineração, com atividades que comprometem a qualidade de vida e o meio ambiente.

Vou me despedindo agora porque um espetáculo imperdível está acontecendo aqui com o sol e a lua se encontrando no céu.

-Tô sabendo, Cauê. Acabei de chegar do aeroporto e deixei lá uma galera vendo o sol se pôr e a lua nascer ao mesmo tempo.

-Então, meu irmãozinho da Paraíso FM, vamos celebrar este momento único. Eu quero oferecer uma música pra minha amiga Maduri que está aqui do meu lado e caminhou comigo pelas ruas de Porto Alegre, toda adornada com colares e cores indígenas que eu mesmo tive o prazer de pintar no corpo dela. Aí, vamos aplicar o som do Planalto Central na Maduri que é gente finíssima tocando para ela aquela do nosso Pacato Cidadão do Alto, a música *Louco de Coração*.

- Falou , grande Cauê. Um beijo na alma da galera que está acontecendo em Porto Alegre e vou tocar com todo o prazer a música oferecida para a Maduri. Uma belíssima noite pra vocês...

"Um dia como outro qualquer
Você me apareceu
Te olhei te vi te quis
E ainda quero ter

O tempo anda tão apressado
E eu tão devagar
Pra que correr
Se eu sei que vou chegar

Meu corpo curioso
quer saber do teu
Minha boca quer brincar
Com a tua boca

Eu quero enlouquecer de amor
Eu quero teu sorriso
Perdi o medo
De perder o juízo..."

Ao ouvir lá longe o som refrescante da corrente caudalosa de um rio, João Pedro esporeou o manga-larga. O suor de um dia inteiro de cavalgada com as bruacas cheias de mercadorias pesando no lombo das mulas melava os corpos e misturava os cheiros de homens e animais.

Em seus primeiros quilômetros de vida o Paranapanema forma pouco mais que um riacho atravessando o mato denso em meio a nascentes, charcos e alagados. Ao se atirar pela Serra de Paranapiacaba rumo ao sertão, ele passa a correr rápido sobre as pedras até chegar nos campos que servem de passagem entre a região sul e o planalto de Piratininga.

Assim como serviu de guia para os que trilhavam o Caminho do Peabiru, o Paranapanema se tornou referência para os que percorreram o Caminho das Tropas.

Antes de atravessar o rio para cumprir a etapa final da jornada, os tropeiros descansavam debaixo de figueiras e paineiras enquanto os animais pastavam nos campos, recuperando o peso perdido na viagem. Para abrigar os viajantes, um tropeiro cansado montou seu rancho ali por perto.

- Buenas, seu Chico. Lhe trago notícias de sua filha, e um pacote do mate que ela mais o marido andaram plantando lá no sul.

-Pôs se apeie, home, e vamo lá nesse chimarrão. Muito me engano, ou esse guri é o neto do meu amigo José?

-Ele mesminho, seu Chico. Vida de tropeiro cumeça cedo....

-Pôs si eu num sei! Mucho antes de existir os ranchos e as trilhas eu já rompia esse mato afora no facão sorocabano. Só fui conhecê colchão e travesseiro depois de véio, o pelego e o lombilho sempre foram a minha cama.

João Pedro foi atrás de milho para os animais, enquanto a peonada chegava do banho de rio e armava a cozinha para matear, comer e descansar.

Quando João Pedro voltou para o rancho de seu Chico, encontrou José de boca aberta e olhos arregalados, ouvindo o velho contar aventuras do tempo em que seguia o rumo da estrela boiadeira e ouvia no silêncio da mata os risos do saci.

-...a boiada ficou de couro arrepiado, guri. E se enlouqueceu de vez quando o céu relampeou alumiando tudo e amostrando a mula sem cabeça que galopava mais o caipora no lombo. A boiada virô nos cascos, arrancô pra trás e foi um deus que nos acuda. Era boi, cavalo e home se embolando, numa berraria de acabá o mundo. O estouro seguiu pesado até que a peonada deu tento e lascou o relho no lombo da animalada. Diz que o tempo dos fantasmas já se foi, mas eu num acredito.

Seu Chico passou a cuia do mate para João Pedro e começou a picar o fumo de rolo, emendando outra conversa.

- O tempo de hoje pode sê de menos perigo porque os caminhos já tão traçados, num carece mais de invadir a casa do caipora. O comércio também tá garantido, é só levá a bruaca

cheia de mercadoria e trazê de vorta com o dinheiro das minas. Até hoje num entendi cumé qui essas gentes de lá num si prestam de plantá e ficam dependendo tanto das gentes do sul pro de comê. Ouro nunca encheu barriga de ninguém, e mais de um já me falô da fome e das carências de tudo que costumam passá por lá.

- Ouro num enche barriga mas enche as vistas e as bolsas, seu Chico. As gentes de lá num se animam de tirar um escravo da bateia pra colocar na plantação, que dá menos lucro. Mas deixe estar, seu Chico, que tem muito gado no sul pra alimentá as minas, e assim a gente vai viajando e vai fazendo desse Brasil um povo só. Deus sabe o que faz, seu Chico. Foi-se o tempo em que o sul era dos castelhanos. Agora é tudo dos brasileiros.

- Ainda não, João Pedro, ainda não. Enquanto o Império mandá na gente ...os paraguaios já fizeram a independência lá deles, quando será a nossa vez?

- Vai chegá logo, seu Chico, lhe garanto que meu guri ainda vai conhecê o presidente da República deste país.

Se cuida, mãe

Uma das vias da avenida Borges está vazia de carros em pleno horário do *rush*. Mais uma vez o trânsito vai virar uma grande confusão e muitos vão reclamar por chegarem em casa tarde, pensa Maduri. Está a caminho do Anfiteatro Por do Sol, onde o presidente da República vai falar aos participantes do Fórum Social Mundial. O trânsito foi interrompido para Lula e sua comitiva passarem.

Maduri já está um pouco cansada de conviver com tanta gente o tempo inteiro e ainda tem quatro dias de fórum pela frente. É bem verdade que começou 10 dias antes a trabalhar e não tem o mesmo frescor de quem chegou há três dias. É o ônus dos que preparam as festas, esse cansaço acumulado quando elas finalmente acontecem.

Lembra-se das grandes festas na Estância Santo Antonio, que começavam a ser preparadas com uma semana de antecedência. Vó Belinha ficava direto no controle, atenta para não faltar nada. Quando tudo terminava vó Belinha sentava na varanda e ficava olhando no horizonte a estrada por onde tinham vindo e ido embora os amigos e a parentada.

-Estou sentindo uma saudade aliviada, ela dizia.

Maduri acha que muitos porto - alegrenses vão sentir uma saudade aliviada quando o Fórum Social Mundial terminar e os visitantes voltarem para suas casas. Mas isso ainda está longe de acontecer. Ainda bem, sorri Maduri, que na verdade está achando o fórum bom demais e sabe que seu cansaço tem tudo a ver com a intensidade das emoções que está vivendo. Desde que conheceu o grupo de ameríndios liderados por Juan Guarani, não descansou mais. Mesmo sabendo que tem de estar às 9 horas da manhã no seu posto de trabalho na PUC, Maduri tem participado das festas e rituais na praia, que entram madrugada adentro. Até tentou descansar no dia seguinte à abertura do fórum, quando participaram da grande Caminhada pela Paz e dançaram durante os shows que rolaram a seguir. Mas quando desviou os olhos do computador na PUC e se levantou para pegar a bolsa no encosto da cadeira e ir pra casa, deu com o sorriso de Cauê esperando por ela. Não adiantou falar das costas doloridas pelo excesso de trabalho e da sua urgência em descansar. Cauê começou por convidá-la a tomar um cafezinho na lanchonete e depois a convenceu a ir para a praia ouvir a flauta de Juan saudando o por do sol.

Quando o espetáculo solar terminou e os tambores começaram a ecoar anunciando a lua, Cauê foi até a tenda branca e trouxe de lá uma canga que estendeu na areia para Maduri deitar. Era tudo o que ela queria. Fechou os olhos e se entregou para as mãos dele, que gentilmente lhe aplicou as técnicas relaxantes da massagem ayurvédica que aprendeu com os terapeutas de Alto Paraíso.

O transe dos tambores e os cuidados de Cauê fizeram Maduri entrar em alfa e esquecer sua urgência de ir pra casa.

Quando acordou e deu por si, a noite andava alta e a magia rolava solta.

Já era quase de manhã quando finalmente chamou um táxi e ... um garoto apressado esbarra em Maduri, que acorda de suas lembranças. Pequenas multidões caminham pela avenida e cruzam o parque para se encontrar com a grande multidão que já está concentrada na praça do Por do Sol.

Para Maduri, não é novidade o que está acontecendo. Ela sempre achou que o PT chegaria ao poder porque é fruto de uma aliança entre a elite operária, a burguesia e a intelectualidade dos paulistas. Lembra dos primeiros tempos, quando Lula ainda era um líder regional. Estava chegando em Sampa para cursar a faculdade de arquitetura e alugou um casarão em Pinheiros com outros estudantes. As festas que os simpatizantes do PT promoviam para arrecadar fundos costumavam ser as melhores do bairro. Tiago foi concebido num longo amanhecer de domingo após uma festa do PT.

Tiago. O que diria ao saber que estava ficando com um cara que tem pouco mais que a idade dele? Depois de tudo o que conversaram e viveram juntos, pareceu tão natural convidar Cauê a entrar e tomar um chá quando ele a levou para casa de madrugada.

A sombra da culpa, a sua mais antiga assombração, escurece o dia até então magnífico.

Ao ver o *shopping center* Praia de Belas ali à margem do caminho, Maduri cruza a avenida no sentido oposto à praça onde estão se reunindo os participantes do Fórum Social e os populares que querem ver e ouvir o presidente Lula. Sente que precisa telefonar.

Sacanagem, tem uma fila para falar nos orelhões dentro do Praia de Belas. Ela espera pacientemente a sua vez de discar e dizer a Tiago algumas palavras sobre o que está acontecendo em Porto Alegre.

Desta vez, em vez de desligar o telefone, ele sintoniza um canal que transmite ao vivo a grande festa popular que acontece na praça do Por do Sol. Tiago se impressiona com a quantidade de pessoas que estão lá e descreve para Maduri as grandes bandeiras coloridas que se agitam no ar, as faixas com palavras em várias línguas, os tipos engraçados e sorridentes que não param de chegar. Quando Lula começa a falar ele aumenta o som da TV e aproxima o fone para Maduri ouvir também. Ficam um tempo assim em silêncio, respirando juntos e ouvindo o presidente do Brasil. Então Maduri percebe que algumas pessoas se impacientam na fila atrás dela. Coloca mais um cartão no telefone enquanto se despede de Tiago.

- Está lotado lá, mãe. Você não vai conseguir chegar perto do palco. Mas tem umas elevações no terreno, estou vendo daqui, acho que dá pra você assistir de longe. Não dá bobeira na multidão. Sabe como é que é. Se cuida, mãe. Vai com Deus.

- Fica com Deus, filho.

Desde menino, ele se acostumou a dormir aquecido pelo fogo, embalado pelas histórias que seu pai contava sobre povos rebeldes, cidades incendiadas, catedrais saqueadas e índias de olhos azuis.

João Pedro nunca soubera realmente se a cobra grande que comeu sua avó Anabela era uma fantasia infantil do seu pai, ou se existira realmente. Por isso nunca se espantava com as histórias que os tropeiros contavam ao redor do fogo, por mais fantasiosas que parecessem.

Quando os homens se juntavam em torno da fogueira, mateando e relembrando os causos que se ouvia contar dos pampas à cuesta, João Pedro resgatava o fascínio da infância. Para ele, esse costumava ser o melhor momento da longa viagem conduzindo as tropas.

O caminho das tropas era mais procurado no início da primavera, quando os pastos começavam a brotar. Os animais saíam de Viamão, próximo à Lagoa dos Patos, e percorriam 300 léguas até Sorocaba, onde acontecia a grande Feira de Muares. Pagava-se impostos para ambos os governos provinciais, de São Pedro do Rio Grande e de São Paulo. Esses impostos podiam ser pagos após a venda dos animais, já em Sorocaba.

Para fugir ao fisco, os tropeiros abriram um novo caminho para as Minas Gerais, passando ao largo de Sorocaba. O atalho, ou o chamado descaminho das bestas brabas, cruzava a cuesta de Botucatu.

As margens do rio Paranapanema eram lugar de pouso obrigatório e prazeroso para os tropeiros. Depois de percorrer campos e capões na paisagem pontilhada de araucárias, o Paranapanema encontra uma barreira natural na cuesta de Botucatu. A cuesta marca o final dos campos de araucária e obriga o grande rio a serpentear entre morros e vales, multiplicando-se em cachoeiras.

Para os que demandavam as minas como João Pedro e sua tropa, o marco de referência mais próximo passava a ser o Gigante Deitado em seu leito de matas e lendas.

- Tô lhe dizendo que ali nos pés do Gigante Deitado tem coisa do mardito. Ali naquelas Três Pedras que formam os pés *do Gigante, seu moço, os jesuítas esconderam muito ouro. A fazenda deles era uma lindeza, ia do Paranapanema até o Tietê. Ficou tudo abandonado quando eles tiveram que ir embora, mas antes disso acontecê, fizeram foi muita riqueza. Eles tavam indo pra São Paulo carregando tudo que conseguiam levá quando foram atacados, e esconderam o ouro nas Três Pedras. Por isso diz que ali é mal assombrado, eles tão guardando a riqueza até hoje. Quem atenta de ir lá pegá, às vezes num vorta mais. E quando vorta, fica com a vida desgraçada.*

- Teve um daqui que ficô um mês inteiro nos pés do gigante, esperando a mãe de ouro dá o ar da graça. Numa noite de muito vento ela veio. Toda linda, grande e brilhante, sentada numa bola de fogo. Saiu da Pedra Furada e veio dançando no ar inté a Pedra do Meio, se espalhando que nem chuva de fogo. O cabra vortô pra casa rico e danô de gastá por uns tempos até que disapareceu. Diz que o demo cobrô a arma do coitado.

João Pedro já tinha ouvido seu pai falar da mãe do ouro. Às vezes, as histórias de São Paulo e do Rio Grande se misturavam nos pousos do caminho das tropas. O melhor pouso, o lugar onde sentia-se mais à vontade, era ali no rancho do velho Chico, já perto de chegar em casa. Um dia, quando cansasse de viajar, João Pedro também iria se arranchar por ali, um pouco mais acima, já chegando perto do rio Tietê, na antiga fazenda Botucatu dos jesuítas, no arraial onde construiu sua casa e onde a mulher e os filhos menores o esperavam voltar das viagens.

João Pedro não conheceu terra melhor em suas andanças por esse mundo de meu Deus. Havia ali um solo roxo e fértil, onde tudo que se plantava dava. Frutos e legumes para todos os gostos, ervas e raízes para todas as doenças. Nos rios se pescava dourados, pintados, pacus, piracanjubas, piabas, jaús, mandis e curumbatás. Nas margens se caçava antas, cutias, capivaras e catetos, lontras, quatis, pacas e veados. Também avoavam pelas árvores codornas e perdizes, macacos e jacutingas, patos e marrecos, pombas e pavões, tucanos, papagaios e maritacas.

O pai de João Pedro, o índio José, chegara ali logo após o leilão das terras dos jesuítas, onde se arrematou apenas 414 rezes e 43 cavalos da grande manada que existia nas fazendas Botucatu e Guareí, divididas – ou unidas – pelo traçado do Caminho do Peabiru.

Durante anos os jesuítas foram os proprietários mais prósperos da região, e da sua produção na cuesta, conseguiam não apenas abastecer o colégio de São Paulo de Piratininga, mas também enviar recursos para missões distantes na China e na Índia.

O índio José encheu as bruacas de moedas com a venda do gado que restou solto, procriando nos campos. Era fácil negociar ali no arraial que nascia no caminho para as minas. Assim, com a herança que os jesuítas deixaram pastando, José conseguiu formar a sua primeira tropa de muares.

José gostava de contar suas lembranças de menino nas Missões, mas a mulher nem sempre aprovava esse hábito. Principalmente depois da noite em que a filha acordou gritando porque havia sonhado com a cobra grande que comeu sua avó Anabela. Muito impressionável, a menina costumava falar sozinha pelos cantos e dizem que via coisas. A mãe tinha horror disso e não raro lembrava que lugar de bruxa era na fogueira, a menina que criasse juízo. E assim a irmã de João Pedro foi aprendendo a fechar os olhos para não ver demais e o pai foi aprendendo a se calar para não incomodar até que as histórias dos tempos antigos foram ficando esquecidas na memória da infância. De vez em quando eram avivadas na beira do fogo, essas histórias deslembradas do sertão que pouco a pouco foram se transformando em lendas e desmarcando a fronteira entre a realidade e a fantasia.

Bibliografia

Achegas para a história de Botucatu
Hernani Donato / Edicon

A civilização Inca
Suely Pleming / Yahoo Notícias / Mundo / Reuters

A desconhecida maravilha indígena / O verdadeiro descobridor do Inca
entrevistas com Rosana Bond / revista A nova democracia

A fala sagrada
Pierre Clastres / Editora Papyrus

A história do chimarrão
Barbosa Lessa / Editora da USP

A história do tropeirismo no Brasil
Cláudio Barbosa Reco / www.historianet.com.br

A imaginária Guarani
Claudete Boff / Universidade do Vale do Rio dos Sinos

Antologia ilustrada do folclore brasileiro
Vários autores / Editora Literart

Aqüífero Guarani
Revista Superinteressante
http://rmtonline.globo.com

A saga dos Guarani
Pedro Ramos Derengoski / Editora Insular

A terra dos mil povos
Kaka Werá Jecupé / Editora Peirópolis

Ayvu Rapyta
Leon Cadogan

Botucatu Antigamente
Trajano Pupo / Ottoni Editora

Esta terra teve dono
Rui Nedel / Editora Tchê

Generalidades das Missões Jesuíticas
Bazilisso Leite

Hidden Mysteries
Osho / The Rebel Publishing House

Índios do Mato Grosso do Sul
Vários autores / Universidade Federal de Mato Grosso do Sul

Machu Picchu
Simone Waisbard / Editora Hemus

Marçal de Souza, um guarani que não se cala
José Laerte Cecílio Tetila / Editora UFMS

Missões: passado, presente e futuro
Vários autores / Talento Editorial

Missiones Jesuíticas
César Omar Balbuena

O banquete dos Deuses
Daniel Munduruku / Editora Angra

O éden americano
Hernani Donato / revista Problemas Brasileiros

Os chacras
Peter Rendel / Ediouro

Os Sete Povos das Missões
Danilo Lazzarotto

Religiões da Humanidade
Waldomiro Piazza / Editora Loyola

Revista Mercotur
ano 1 número 1- 1999

Revista da História
João Carlos Figueiroa / www.historiadebotucatu.cjb.net

Tropas e tropeiros
João Dornas Filho / Universidade Federal de Minas Gerais

Tupã Tenondé
Kaka Werá Jecupé / Editora Peirópolis

Quick Printer
IMPRESSOS RÁPIDOS
SIA Trecho 3 Lote 1.760
CEP: 71200-030 Brasília-DF
Tel: (61) 362-0008 Fax: (61) 233-3771
www.quickprinter.com.br
quick@quickprinter.com.br